KB247825

가장 빠른 시간 내에 **초급일본어** 끝내는 책

SHIN
Bunka
Japanese

completed by Bunka Institute of Language

2

머리말

『文化日本語Ⅰ·Ⅱ』(원제 : 文化初級日本語Ⅰ·Ⅱ)는 1987년 4월에 출판된 이래, 국내외의 일본어 교육 기관에서 폭넓게 사용되어 왔습니다. 출판부터 지금까지 많은 분들로부터 조언을 받고, 이들 의견을 집약·검토했는데, 그 과정에서 『文化日本語』의 새로운 과제가 명확해졌습니다. 또 출판 이후 13년간은 일본 경제·사회 정세가 크게 변화했던 시기이기도 합니다. 이런 변화는 일본어 교육 현장에도 적지 않은 영향을 미쳤습니다. 이와 같은 시대적 흐름에 발맞추고 학교 안팎에서 모아진 의견을 교과서에 반영시키기 위해, 1996년부터 『文化日本語』의 개정 작업에 착수하게 되었습니다.

개정 작업은 학습자가 보다 알기 쉬워하는 교과서는 어떤 것인가를 항상 염두에 두고, 학습자 및 현장 교사의 시점에서 진행했습니다. 구체적으로는, 『文化日本語』의 일본어 학습에 대한 기본적인 생각(☞이 책의 특징과 구성 참조)을 근거로 해서 새로운 발상도 첨가하여 아래와 같은 점을 중심으로 개정했습니다.

일본의 경제·사회 정세의 변화에 따라 화제가 시대와 맞지 않는 것, 본문의 장면 설정이 학습자와 관련이 없어 학습 항목을 이해하기 어려운 것에 대해서는 전면 개정했습니다. 또 학습 항목을 보다 쉽게 이해하도록 하기 위해 거의 모든 과의 본문을 일부 개정했습니다.
(전면 개정한 과 - 18과, 26과, 32과, 33과, 34과)

모든 문형에 대해서 예문을 다시 검토하여, 예문을 개정 및 추가했습니다. 각 과에서 학습할 문형은 기본적으로 『文化日本語』와 같은데, 명사 수식과 수수(授受)표현 등과 같이 몇 과에 걸쳐 학습하는 것은 교과서 전체를 통해 각각의 난이도·제출 순서 등을 다시 한번 검토하고, 필요에 따라 예문 내용 및 제출 순서를 바꾸었습니다.

또한, 『文化日本語』에서 신출 활용형·접속형 등은 활용표 등을 사용해서 나타냈는데, 이번 개정에서는 그 범위를 넓혀 명사 수식 등도 도식화해서 보다 알기 쉽게 했습니다.

문형과 마찬가지로 모든 연습을 다시 검토하여, 개정 및 추가했습니다. 또, 각 과의 학습 항목을 다시 한번 검토하고, 필요한 부분에는 새로운 연습을 추가했습니다.

1. 이 책의 특징

이 책은 앞으로 일본 대학과 전문학교에 진학하기를 바라며, 일본어를 처음 배우는 학습자를 위한 교과서로, 매개어를 쓰지 않는 수업에서 사용하는 것을 전제로 한다.

일본에서 고등교육을 받으려는 유학생에게, 초급 일본어 학습은 다음 조건을 충족시키지 않으면 안 된다. 첫째, 문법을 체계적으로 습득하고, 장래 고등교육을 받기에 충분한, 높은 적응력을 쌓을 수 있는 토대를 만든다. 둘째, 일본에서 생활하면서 일상 직면하는 장면에서 커뮤니케이션을 할 수 있도록 한다. 이 책에서는 이 두 가지 측면에서 학습자의 능력을 키우는 것을 목표로 하고 있다. 구체적으로는 문형을 현실적인 장면에 적용해서 제시하면서 실력을 쌓을 수 있도록 방침을 세웠다. 매개어를 사용하지 않는 학습에서는 새로운 문형을 도입할 때, 그것이 사용되는 장면과 상황, 결국 누가 어디서 어떤 목적으로 사용했나를 구체적으로 나타내는 것이 이해의 실마리로 가장 중요하다. 그래서 일상 생활 장면 안에서 문형의 의미를 알기 쉽도록 학습자의 생활과 관련 깊은 것을 선택해 본문 스토리를 구성했다. 또 학습자의 이해를 시각적으로 돕고, 장면의 이미지를 생생하게 전달하기 위해 일러스트를 많이 사용했다.

학습자에게 있어서 문형 습득은 추상적인 이해와 기계적인 연습만을 가리키는 것이 아니라, 실제로 그것이 사용되어야 할 상황에서 바르게 사용할 수 있어야만 한다. 이 책의 본문에서는 학습자가 같은 장면에 직면할 경우, 단어를 바꿔서 자기 의사를 표현할 수 있도록 배려했다.

『新文化日本語Ⅰ・Ⅱ』(원제 : 新文化初級日本語Ⅰ・Ⅱ)의 총 학습 시간은, 히라가나, 가타카나의 도입과 응용 독해, 청해, 작문, 회화 지도 등을 합해 300~350시간을 기준으로 한다. 총 어휘 수는 약 1900단어이다.

2. 전체 구성

이 책은 생활회화와 36과로 이루어져 있다(1권은 생활회화에서 18과까지, 2권은 19과부터 36과까지 수록되어 있다). 생활회화에서는 인사와 생활하기 위해 최소한 필요한 물건사기 표현을 실었다. 1과에서 36과까지는 앞에서 말한 편집 방침에 근거하여, 문형이 자연스럽게 행해지는 장면으로 스토리를 구성해서, 하나의 과를 구성했다. 각 과의 학습 항목은 3~10개 정도이다. 항목 제출 순서는 쉬운 것부터 어려운 것으로 이동하는 것을 원칙으로 하고, 자연스러운 장면 구성을 고려해서, 이미 앞에서 다룬 것에 새로운 것을 덧붙여 학습하도록 했다.

3. 각 과의 구성

각 과는 〈본문〉〈문형〉〈연습〉으로 이루어져 있다. 그리고 각 과 끝에 〈연습문제〉를 실었으며, 부록으로 〈복습〉을 실어 다시 한번 배운 내용을 정리할 수 있도록 했다.

또한 CD를 통해 들을 수 있는 부분은 로 표시했다.

본문은 학습자가 일본 생활에서 흔히 겪게 되는 장면이나 흥미를 줄 수 있는 장면 안에서 문형을 제시했다. 본문은 주로 회화문이며, 편지나 일기도 있다. 과에 따라 본문을 모델 회화·모델 작문으로 다루는 것과 이해 중심으로 다루는 것으로 나눌 수 있다.

그 과에서 배울 신출 문형을 보여 주고, 실제 발화로 연결시킬 수 있도록 예문을 몇 개 제시했다. 새로운 활용 등 필요에 따라 활용표나 도표를 제시했다.

신출 학습 항목을 발화와 결부시키기 위한 짧은 말넣기 연습이다. 학습자가 의미를 충분히 이해하고, 자기 표현으로 정착시키는 것을 목표로 한다.

❀ 가나 표기

가나 표기는 현대 가나표기에 따라 통일했다. 한자에 대해서는 상용한자를 기준으로 했는데, 상용한자표에 포함되지 않아도 한자로 표기되는 경우가 많은 것(誰 등)은 한자로 제시했다. 18과까지는 학습자의 한자에 대한 부담을 덜어 주기 위해 모든 한자에 독음을 달았지만, 19과부터는 신출어에만 독음을 달았다.

「교사용 지침서」를 원하시는 분은 본사로 연락바랍니다.

차례

<ruby>佐藤<rt>さとう</rt></ruby>　<ruby>武<rt>たけし</rt></ruby>
（<ruby>会社員<rt>かいしゃいん</rt></ruby>）

<ruby>吉田<rt>よしだ</rt></ruby>　<ruby>良子<rt>よしこ</rt></ruby>
（<ruby>大学生<rt>だいがくせい</rt></ruby>）

<ruby>鈴木<rt>すずき</rt></ruby>　<ruby>一郎<rt>いちろう</rt></ruby>
（<ruby>会社員<rt>かいしゃいん</rt></ruby>）

<ruby>鈴木<rt>すずき</rt></ruby>　<ruby>幸子<rt>さちこ</rt></ruby>
（<ruby>会社員<rt>かいしゃいん</rt></ruby>）

チン
（<ruby>台湾<rt>たいわん</rt></ruby>からの <ruby>留学生<rt>りゅうがくせい</rt></ruby>）
＊<ruby>鈴木一郎<rt>すずきいちろう</rt></ruby>の<ruby>知<rt>し</rt></ruby>り<ruby>合<rt>あ</rt></ruby>い

小野　京子
（音楽大学の学生）
＊吉田良子の友人

ワン・シューミン
（香港からの留学生）

マリー・ジジョンラク
（タイからの留学生）

リー
（中国からの留学生）

西条　敬子
（会社員）

アルン・アマラポーン
（タイからの留学生）

19 迷子（まいご）

 1-02

子供がいなくなってしまったんです。

（デパートで）

客　すみません、これの赤はありますか。

店員A　赤ですか。少々お待ちください。

ちょっと見てみます。

・

店員A　お客様、ありました。どうぞ。

客　すみません。

あの、これ、着てみてもいいですか。

店員A　はい、どうぞ。試着室はあちらでございます。

客　はい。伸ちゃん、お母さんが試着している間、

ここで待っていてね。

子供　うん。

客　伸ちゃん、お待たせ。伸ちゃん。伸ちゃん。

店員A　どうかなさいましたか。

客　あ、あの、子供がいなくなってしまったんです。この辺に3歳ぐらいの男の子がいませんでしたか。

店員A　3歳ぐらいの男のお子さんですか。

客　ええ。私が試着している間に、いなくなってしまったんです。ほんの2、3分の間に、どこかへ行ってしまったんです。

店員A　じゃ、まだこの近くにいるはずですね。捜してみましょう。

1　服装のことば

▼ かぶる	▼ かける	▼ 着る	▼ はく	▼ する
帽子（ぼうし）	めがね	上着（うわぎ）	スカート	イヤリング
		セーター	ジーパン	ネックレス
		ブラウス	ズボン	ネクタイ
		シャツ	靴下（くつした）	ベルト
		スーツ	靴	時計
		ワンピース		指輪（ゆびわ）
		着物		

2　ちょっと見てみます。

(1)　客（きゃく）　この靴、はいてみてもいいですか。

　　　店員　ええ、どうぞ。

(2)　京子（きょうこ）　このTシャツはSサイズでしょうか。Mサイズでしょうか。

　　　良子（よしこ）　さあ…。お店の人に聞いてみましょう。

3　子供がいなくなってしまいました。

(1)　店員　どうかなさいましたか。

　　　客（きゃく）　財布を落としてしまったんです。

(2)　客（きゃく）　すみません、箱を倒（たお）してしまったんです。

4

(1) 試着（しちゃく）している間、ここで待っていてください。
(2) 試着（しちゃく）している間に、子供がいなくなってしまったんです。

(1)　伸（しん）　僕はお母さんが買い物をしている間、おもちゃを見ていました。

(2)　夏休みの間、ずっと日本でアルバイトをします。

(3) 買い物をしている間に、財布を落としてしまいました。

(4) 夏休みの間に、先生の家へ行きます。

5 この近くにいる**はず**です。

(1) アルン　チンさんはもう帰りましたか。

　　リー　　いいえ、かばんがあるから、
　　　　　　まだいるはずですよ。

(2) **A**　何を捜しているんですか。

　　B　コンタクトレンズです。
　　　　今ここで落としてしまったんです。

　　A　じゃあ、この辺にあるはずですね。私も捜します。

(3) 学生　　フランス語の本を読みたいんですが、
　　　　　　学校の隣の本屋にはないんです。

　　先生　　そうですか。じゃあ、駅のそばの本屋に行ってみてください。
　　　　　　大きい本屋だから、あるはずです。

 Exercise

a. 例のように言いましょう。　　　　　　　　　1-03

> 例　客　　すみません、これの**赤**はありますか。
>
> 　　店員　**赤**ですか。少々お待ちください。ちょっと見てみます。
> 　　　　　お客様、ありました。どうぞ。
>
> 　　客　　すみません。あの、これ、**着て**みてもいいですか。
>
> 　　店員　はい、どうぞ。

1. ［ワンピース］　　11号／着る

2. ［靴］　　　　　　27センチ／はく

3. ［コート］　　　　Lサイズ／着る

b. 絵を見て例のように言いましょう。

例 すみません、セーターを汚して
しまったんです。

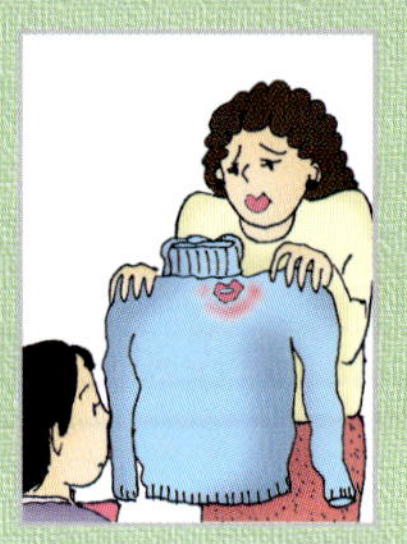

1. お皿を割る

2. おもちゃをこわす

c. 例のように言いましょう。

1-04

例
店員　どうかなさいましたか。
客　あ、あの、子供がいなくなってしまったんです。
　　この辺に3歳ぐらいの男の子がいませんでしたか。
店員　3歳ぐらいの男のお子さんですか。
客　ええ、買い物をしている間に、いなくなってしまったんです。

1. 財布を落とす／赤い財布がある

2. イヤリングをなくす／真珠のイヤリングがある

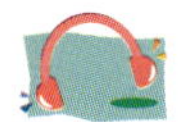 1-05

どんな服を着ていますか。

店員A　見つかりましたか。

客　いいえ。

店員A　じゃ、放送してみましょう。

客　すみません。お願いします。

店員A　お子さんのお名前は？

客　山崎伸です。

店員A　どんな服を着ていますか。

客　ええと、赤いＴシャツを着て、紺の半ズボンをはいて、

白い帽子をかぶっています。

店員A　靴は？

客　白い靴をはいています。

店員A　わかりました。少々お待ちください。

放送　お客様にお願いいたします。山崎伸ちゃんという３歳の男のお子さんが、迷子になりました。赤いＴシャツを着て、紺の半ズボンをはいて、白い帽子をかぶっている３歳ぐらいの男のお子さんをお見かけのお客様、恐れ入りますが、最寄りの売場までご連絡ください。

文型 sentence pattern

6　赤いＴシャツを着ています。

(1) 良子さんは指輪をしていますが、京子さんは指輪をしていません。

(2) A　どの人が佐藤さんですか。
　　 B　紺のスーツを着て、めがねをかけている人です。

佐藤さん

伸ちゃん

京子さん

おじいさん　　おばあさん　　<ruby>良子<rt>よしこ</rt></ruby>さん　　<ruby>中山<rt>なかやま</rt></ruby>さん

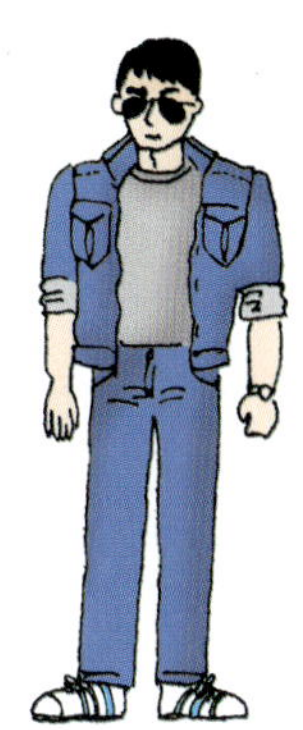

d. 上の絵を見て言いましょう。

まっすぐ行くと、エスカレーターがあります。

店員A　はい、婦人服売場です。

店員B　もしもし、帽子売場の古谷ですが、

迷子のお子さんをこちらで

預かっています。

山崎伸ちゃんです。

迎えに来てください。

店員A　はい、わかりました。どうも。

お客様、見つかったそうです。

客　本当ですか。ああ、よかった。

店員A　帽子売場へ迎えにいらっしゃってください。

帽子売場をご存じですか。

客　いいえ、知らないんですが…。

店員A　ここをまっすぐ行くと、エスカレーターがございます。

エスカレーターの所を右に曲がって、まっすぐ行くと、

左側にございます。

客　本当にどうもありがとうございました。

文型 → sentence pattern

7

> **A** 三越デパートを知っていますか。
>
> **B** { はい、知っています。
>   { いいえ、知りません。

（1）田中　木村さん、リンさんの誕生日を知っていますか。
　　木村　はい、知っています。9月8日です。

（2）**A** チェンマイというタイ料理のお店を知っていますか。
　　B いいえ、知りません。
　　A とてもおいしいそうですよ。今度いっしょに行きませんか。

8

> ここをまっすぐ行くと、エスカレーターがございます。

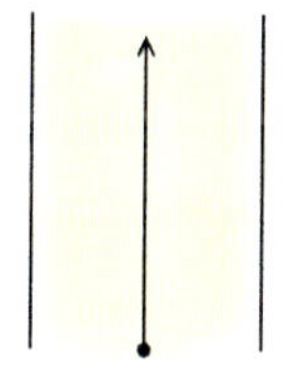

まっすぐ行く

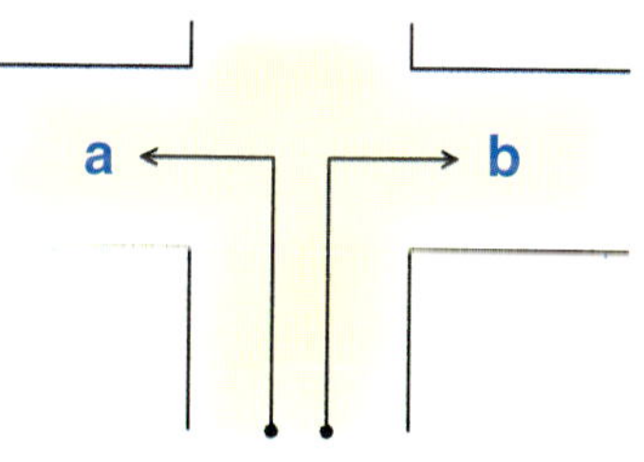

a 左に曲がる　　**b** 右に曲がる

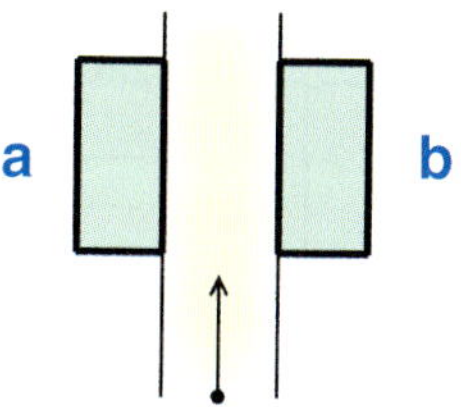

a 左側にある　　**b** 右側にある

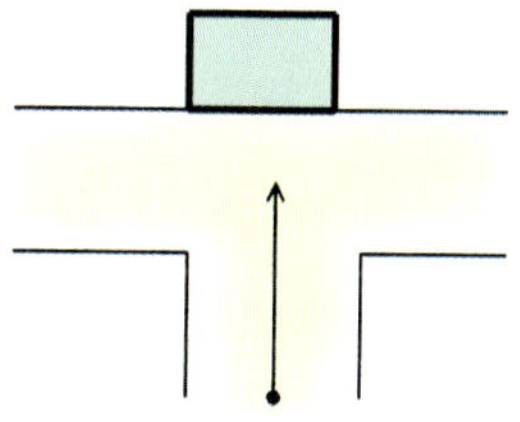

突き当たりにある

(1) **A** すみません。この辺に銀行はありますか。

    B はい、ここをまっすぐ行くと、
       左側にあります。

    A どうもありがとうございました。

(2) **A** あのう、受付はどこですか。

    B ここを右に曲がってまっすぐ行くと、
       右側にあります。

    A 右側ですね。ありがとうございました。

(3) （デパートで）

    店員　いらっしゃいませ。

    客　　お手洗いはどこですか。

    店員　ここをまっすぐ行くとエスカレーターがございます。

       エスカレーターの所を左に曲がって少し行くと、
       突き当たりにございます。

    客　　エスカレーターの所を左に曲がるんですね。

    店員　はい。

    客　　どうも。

e. 例のように言いましょう。

 A チェンマイというタイ料理（りょうり）の店を知（し）っていますか。
B いいえ、知（し）りません。

1. ミルネ／デパート／はい

2. ロニー／会社／いいえ

3. しゃぶしゃぶ／日本料理／はい

4. 「ローマの休日（きゅうじつ）」／映画／いいえ

5. 銀河亭（ぎんがてい）／レストラン／はい

f. 絵を見て例のように言いましょう。

客　　すみません。アクセサリー売場はどこですか。

店員　ここをまっすぐ行くとエスカレーターがございます。

　　　エスカレーターの所を右に曲がってまっすぐ行くと、

　　　右側にあります。

客　　右側ですね。どうもありがとうございました。

1. 帽子　　　　　2. 靴　　　　　3. かばん　　　　　4. 化粧品

練習問題

1 ＿＿にひらがなをひとつ書きなさい。

1. A　どうしたんですか。

   B　お皿＿＿割ってしまったんです。

2. 夏休み＿＿間、ずっとアルバイトをします。

3. 良子さん＿＿指輪をしていますが、京子さん＿＿していません。

4. A　銀河亭というレストラン＿＿知っていますか。

   B　はい、知っています。

5. A　お手洗いはどこですか。

   B　ここ＿＿右＿＿曲がって少し行くと、左側＿＿あります。

 **2** 絵を見て例のように書きなさい。

> 例　客　　<u>着てみてもいいですか。</u>
> 　　店員　はい、どうぞ。

1. 客　＿＿＿＿＿＿＿＿＿＿＿＿＿＿＿＿＿＿＿＿
   店員　はい、どうぞ。

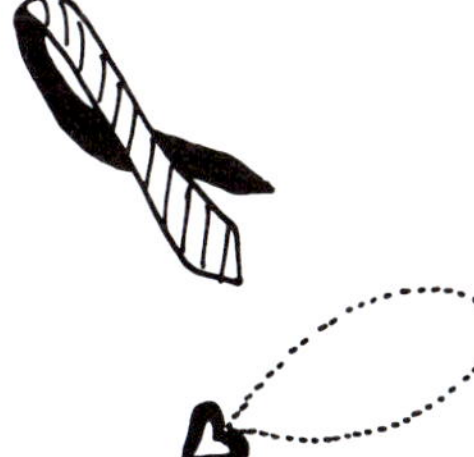

2. 客　＿＿＿＿＿＿＿＿＿＿＿＿＿＿＿＿＿＿＿＿
   店員　はい、どうぞ。

3. 客　<u>　　　　　　　　　　　　　　　　</u>

店員　はい、どうぞ。

4. 客　<u>　　　　　　　　　　　　　　　　</u>

店員　はい、どうぞ。

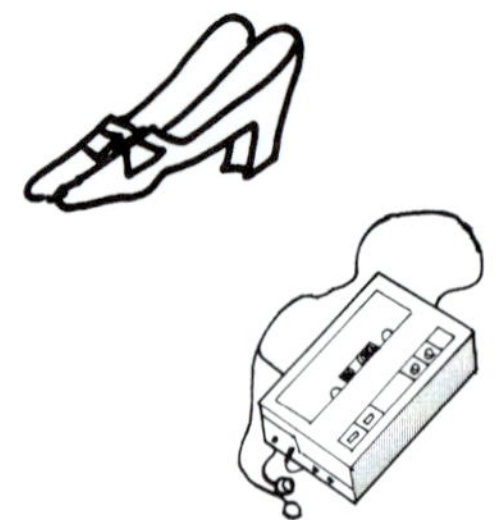

3 絵を見て例のように書きなさい。

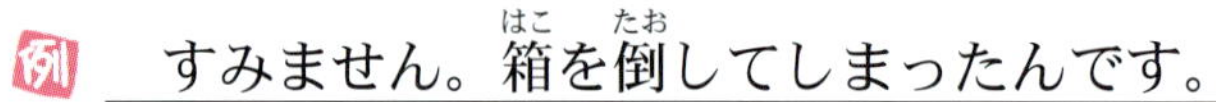

例　すみません。箱を倒してしまったんです。

1. <u>　　　　　　　　　　　　　　　　　　　　　　　　</u>

2. <u>　　　　　　　　　　　　　　　　　　　　　　　　</u>

3. <u>　　　　　　　　　　　　　　　　　　　　　　　　</u>

4 正しいものに○をつけなさい。

1. 試着している { a. 間 / b. 間に } ここで待っていてください。

2. 日本にいる { a. 間 / b. 間に } 一度京都へ行きたいです。

3. 私が買い物をしている { a. 間 / b. 間に } 子供がいなくなったんです。

4. 冬休みの { a. 間 / b. 間に } ずっと東京にいました。

5 絵を見て＿＿に適当な言葉を書きなさい。

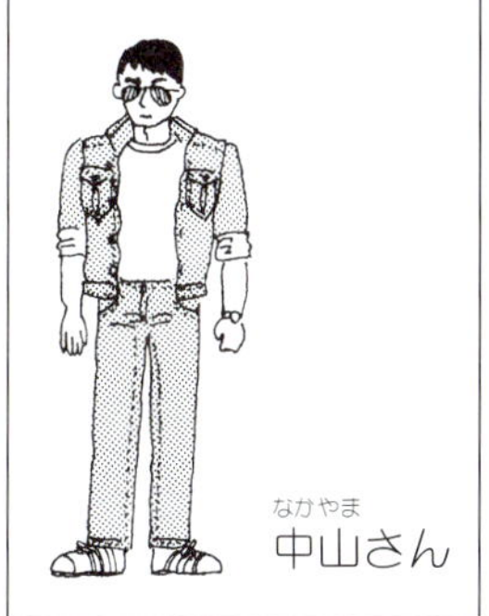

1. 伸ちゃんは帽子を＿＿＿＿＿＿＿＿＿＿＿＿＿＿＿＿＿

2. 中山さんはジーパンを＿＿＿＿＿＿＿＿＿＿＿＿＿＿

3. 佐藤さんはネクタイを＿＿＿＿＿＿＿＿＿＿＿＿＿＿

4. 良子さんはワンピースを＿＿＿＿＿＿＿＿＿＿＿＿＿

5. 京子さんは時計を＿＿＿＿＿＿＿＿＿＿＿＿＿＿＿＿が、

良子さんは＿＿＿＿＿＿＿＿＿＿＿＿＿＿＿＿＿＿＿＿＿＿＿

6. 中山さんも佐藤さんもめがねを＿＿＿＿＿＿＿＿＿＿＿

7. *A* どの人が中山さんですか。

　　B ＿＿＿＿＿＿＿＿＿＿＿＿＿＿＿＿＿＿＿＿＿＿＿＿＿

8. *A* どの人が京子さんですか。

　　B ＿＿＿＿＿＿＿＿＿＿＿＿＿＿＿＿＿＿＿＿＿＿＿＿＿

6

1. 絵を見て＿＿に適当な言葉を書きなさい。

1）駅を出て右へ少し行くと、右側に銀行があります。そこを右に
曲がってまっすぐ行くと、右側に＿＿＿＿＿＿があります。
その前に＿＿＿＿＿＿があります。

2）学校を出てホテルと喫茶店の間をまっすぐ行くと、左側に花屋があります。
そこを左に曲がってまっすぐ行くと、突き当たりに＿＿＿＿＿＿があります。

2. 絵を見て＿＿に適当な言葉を書きなさい。

＜AさんとBさんは、今、学校にいます。＞

A　すみません。郵便局はどこですか。

B　ええと、＿＿＿＿＿＿＿＿＿＿＿＿＿＿＿＿＿＿＿＿＿＿＿＿＿＿＿＿＿
＿＿＿＿＿＿＿＿＿＿＿＿＿＿＿＿＿＿＿＿＿＿＿＿＿＿＿＿＿＿＿＿＿

A　はい、わかりました。ありがとうございました。

7　＿＿に適当な言葉を書きなさい。

1.　マリー　　この電車は何時ごろ熱海に着くんですか。

　　広田　　2時に出発して、ええと…東京から熱海まで54分だから

　　　　　　＿＿＿＿＿＿＿＿＿＿＿＿＿＿＿＿＿はずです。

2.　A　マリーさんの誕生日を知っていますか。

　　B　はい、＿＿＿＿＿＿＿＿＿＿＿＿＿＿＿＿。3月30日です。

　　A　じゃあ、マリーさんのお姉さんの名前を知っていますか。

　　B　いいえ、＿＿＿＿＿＿＿＿＿＿＿＿＿＿＿＿

3.　店員　お客様、帽子売場をご存じですか。

　　客　いいえ。＿＿＿＿＿＿＿＿＿＿＿＿＿＿＿＿

8　＿＿に適当な言葉を書きなさい。

店員　お子さんのお名前は？

客　山崎伸です。

店員　＿＿＿＿＿＿＿＿＿＿＿＿＿＿＿＿＿服を着ていますか。

客　ええと、赤いTシャツを＿＿＿＿＿＿＿＿＿＿＿＿＿＿、

　　紺の半ズボンを＿＿＿＿＿＿＿＿＿＿＿＿＿＿、

　　白い帽子を＿＿＿＿＿＿＿＿＿＿＿＿＿

店員　靴は？

客　白い靴を＿＿＿＿＿＿＿＿＿＿＿＿

店員　わかりました。少々お待ちください。

20　もう進路を決めましたか。

 1-09

先生　キムさんは、卒業した後、何の勉強をするつもりですか。

キム　経営学の勉強をしようと思っています。

先生　日本で勉強するつもりですか。

キム　はい。ぜひ日本の大学に

　　　行きたいと思っています。

先生　どこを受けるんですか。

キム　東都大学を受けるつもりです。

先生　受験勉強は進んでいますか。

キム　ええ…。英語はだいじょうぶだと思いますが、

　　　日本語はまだ自信がありません。特に面接が…。

先生　これから授業で面接や小論文の書き方を練習しますから、

　　　がんばってください。

キム　はい。がんばります。

1 経営学の勉強をしようと思っています。

意志形（い し けい）

グループ1	行く → 行こう	（か　き　く　け　こ）
	読む → 読もう	（ま　み　む　め　も）
グループ2	起きる → 起きよう	
	受ける → 受けよう	
グループ3	する → しよう	
	来る → 来よう	

（1）**A** 来年大学に行くんですか。

　　B いいえ、就職しようと思っています。

（2）**A** 作文に書くことを決めましたか。

　　B はい。自分の将来の希望（き ぼう）について書こうと思っています。

2 東都大学（とう と だいがく）を受けるつもりです。

（1）京子（きょうこ）　いつ良子（よしこ）さんのお見舞い（み ま）に行くんですか。

　　武（たけし）　今度の日曜日に行くつもりです。

（2）マリー　夏休みにどこかへ行くんですか。

　　キム　ええ、九州（きゅうしゅう）へ行くつもりです。

（3）**A** 夏休みに国へ帰りますか。

　　B いいえ、帰らないつもりです。

a. 例のように言いましょう。　　　　　　　　　　1-10

> 例　コウ　来年、何の勉強をするんですか。
> 　　キム　経営学の勉強をするつもりです。コウさんは？
> 　　コウ　私はコンピューターの勉強をしようと思っています。

1. 来年、どこを受験する／東都大学（とうとだいがく）／朝日大学（あさひだいがく）

2. 何について作文を書く／将来の希望（きぼう）／私の家族

3. 夏休みに何をする／アルバイトをする／北海道（ほっかいどう）へ行く

4. 来年からどこに住む／学生寮（がくせいりょう）／アパート

5. 学生会館のパーティーで何をする／歌を歌う／国の踊（おど）りを踊（おど）る

 1-11

留学生がいるかどうかわかりません。

先生　コウさんは来年どうしますか。

コウ　観光の専門学校に行きたいと思っています。

先生　もう学校を決めましたか。

コウ　はい。　文化観光専門学校という学校を受けようと思っています。

先生　その学校には留学生がいますか。

コウ　さあ…。いるかどうかわかりません。

先生　そうですか。試験はありますか。

コウ　はい、面接があります。

先生　いつありますか。

コウ　いつあるかわかりません。

先生　一度その学校へ行って、

　　　いろいろ聞いてみてください。

コウ　はい。来週、父が日本へ来る予定ですから、

　　　いっしょに見に行こうと思っています。

先生　じゃ、その時、募集要項をもらって来てください。

コウ　はい。

文型 → sentence pattern

3 いる**かどうか**わかりません。

（1）マリー　留学生の入試は易しいでしょうか。
　　　京子　さあ。易しいかどうかわかりません。

（2）ボビー　定期券を買う時、学生証が必要でしょうか。
　　　アルン　さあ、必要かどうかわかりません。

（3）A　このバスは渋谷へ行くでしょうか。
　　　B　行くかどうかわからないので、運転手さんに聞いてみましょう。

（4）先生　東都大学に学生寮はありますか。
　　　学生　わかりません。あるかどうか調べてみます。

4 いつある**か**わかりません。

（1）佐藤　田中さんはどこにいますか。
　　　安部　さあ、どこにいるかわかりません。捜しましょうか。

（2）A　この絵、上手ですね。誰がかいたんですか。
　　　B　さあ、誰がかいたかわかりません。

（3）コウ　卒業式はいつでしょうか。
　　　キム　いつかわかりません。先生に聞いてみましょうか。

（4）去年試験にどんな問題が出たか、先輩に聞くつもりです。

（5）（大学の教務で）
　　　学生　今年、留学生は何人ぐらい受験しますか。
　　　教務の人　さあ…、何人ぐらい受験するかまだわかりません。

b. 例のように言いましょう。　　　　　　　　　　　　　　　　　　1-12

1. この学校を卒業する／大学で建築の勉強をする

2. 会社をやめる／オーストラリアへ留学する

3. 国へ帰る／貿易会社で働く

c. 例のように言いましょう。　　　　　　　　　　　　　　　　　　1-13

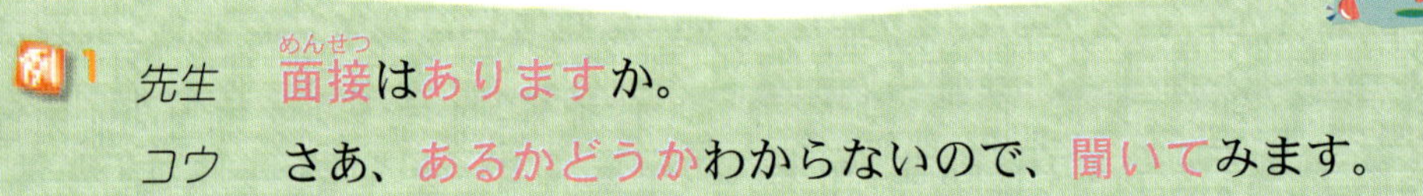

1. 学生寮／ある／調べる

2. 推薦入学／ある／聞く

3. 留学生／いる／聞く

4. 学校／どこにある／調べる

5. 日本語の試験／いつある／聞く

1-14

筆記試験も受けなくてはいけません。

先生　ワンさんは、もう進路を決めましたか。

ワン　はい。私は美術大学で油絵の勉強をするつもりです。

先生　どんな大学があるか調べましたか。

ワン　はい、調べました。私立大学を2、3校受験するつもりです。

先生　実技試験の準備はしていますか。

ワン　ええ。来月から、放課後、デッサンの学校に通うつもりです。

先生　毎日行くんですか。

ワン　いいえ。本当は毎日行きたいんですが、

　　　日本語の勉強も大変なので、
　　　週3回行こうと思っています。

先生　日本語の面接もありますか。

ワン　はい、あります。

　　　それに筆記試験も受けなくてはいけないんです。

先生　じゃあ、がんばって勉強しなくてはいけませんね。

ワン　はい、がんばります。

5 筆記試験を受け**なくてはいけません**。

(1) 入学願書は、きれいな字で書かなくてはいけません。

(2) 願書は、締切りまでに出さなくてはいけません。

(3) 学生　入学願書は、自分で出しに行かなくてはいけませんか。
　　　先生　いいえ、郵送でもいいですよ。

(4) A　今日、映画を見に行きませんか。
　　　B　行きたいんですが、明日までに作文を
　　　　　書かなくてはいけないので…。

※ 学校を退学する時は学生証を学校に返さなければなりません。

d. 例のように言いましょう。　　　　1-15

 **A** デッサンの学校に何日ぐらい行くんですか。
　　　B 週3回行こうと思っています。本当は毎日行きたいんですが、
　　　　　日本語の勉強が大変なので…。

1. 卒業した後どうする／国へ帰る／進学する／父の仕事が忙しい

2. 進学してからどこに住む／寮に住む／アパートに住む／家賃が高い

3. いつ国へ帰る／春休みに帰る／冬休みに帰る／試験がある

4. ゴールデンウィークにどこへ行く／箱根（はこね）へ行く／京都（きょうと）へ行く／とても高い

e. 例のように言いましょう。

1-16

> **例**　**A** 今日、映画を見に行きませんか。
>
> 　　**B** 今日ですか…。行きたいんですが、
>
> 　　　明日までに作文を書かなくてはいけないので…。

1. 今度の日曜日／泳ぎに行く／アルバイトに行く

2. 日曜日／ディズニーランドへ行く／テストの勉強をする

3. 今晩（こんばん）／いっしょに食事（しょくじ）をする／6時までにうちへ帰る

練習問題

1 表_{ひょう}を完成_{かんせい}しなさい。

辞書形 じしょけい	グループ	意志形 いしけい	辞書形 じしょけい	グループ	意志形 いしけい
行く い			手伝う て つだ		
読む よ			調べる しら		
買う か			起きる お		
書く か			勤める つと		
話す はな			受ける う		
帰る かえ			来る く		
踊る おど			就職する しゅうしょく		

2 ＿＿にひらがなをひとつ書_かきなさい。

1. A　来年_{らいねん}、何_{なん}＿＿勉強_{べんきょう}をするんですか。

   B　経営学_{けいえいがく}＿＿勉強_{べんきょう}＿＿しよう＿＿思_{おも}っています。

2. 東都大学_{とうとだいがく}＿＿受けるつもりです。

3. A　願書_{がんしょ}は自分_{じぶん}＿＿出_だしに行_いかなくてはいけないんですか。

   B　いいえ。郵送_{ゆうそう}＿＿＿＿いいですよ。

4. 授業_{じゅぎょう}＿＿小論文_{しょうろんぶん}＿＿書_かき方_{かた}＿＿練習_{れんしゅう}します。

3 例のように意志形か「つもり」を使って書きなさい。

> 例1 A 春休みはどうしますか。
>   B ＿旅行に行こうと思っています。＿ （意志形）
>
> 例2 A 夏休みに国へ帰りますか。
>   B ＿いいえ、帰らないつもりです。＿ （つもり）

1. A 春休みはどうしますか。

   B ＿＿＿＿＿＿＿＿＿＿＿＿＿＿＿＿＿＿＿＿＿ （意志形）

2. A 次の日曜日にどこかへ行きますか。

   B はい、＿＿＿＿＿＿＿＿＿＿＿＿＿＿＿＿＿ （意志形）

3. A 来年、大学の試験を受けますか。

   B ＿＿＿＿＿＿＿＿＿＿＿＿＿＿＿＿＿＿＿＿＿ （つもり）

4. A 日本語学校を卒業した後どうしますか。

   B ＿＿＿＿＿＿＿＿＿＿＿＿＿＿＿＿＿＿＿＿＿ （つもり）

4 例のように書きなさい。

先生　チンさんは、この学校を卒業してからどうしますか。

チン　文化コンピューター専門学校に行こうと思っています。

先生　試験はいつですか？

チン　＿例 いつか＿ わかりません。

先生　どんな試験がありますか。

チン　＿＿＿＿＿＿＿＿＿＿＿＿＿＿わかりません。

先生　留学生はいますか。

チン　＿＿＿＿＿＿＿＿＿＿＿＿＿＿わかりません。

先生　寮はありますか。

チン　＿＿＿＿＿＿＿＿＿＿＿＿＿＿わかりません。

先生　募集要項はもらいましたか。

チン　いいえ、まだもらっていません。

先生　じゃ、早くもらっていろいろなことを調べてください。

5 次の＜文化美術大学＞の試験について読んで「〜なくてはいけない」を使って文を完成しなさい。

文化美術大学

試験日：2月11日〜12日

試験：実技試験、筆記試験、面接

願書受付：1月15日〜25日

☆願書は郵送してください。

私は文化美術大学を受験するつもりです。願書を1月25日までに

＿＿＿＿＿＿＿＿＿＿＿＿＿＿＿＿。願書は＿＿＿＿＿＿＿＿＿＿＿＿＿＿＿＿。
　　　　（出す）　　　　　　　　　　　　　　（郵送する）

試験は2月11日と12日です。実技試験と筆記試験と面接を

＿＿＿＿＿＿＿＿＿＿＿＿＿＿＿＿。実技試験にはあまり自信がないので、
　　　　（受ける）

これから絵の＿＿＿＿＿＿＿＿＿＿＿＿＿＿＿＿。
　　　　　　　（練習をする）

6 例のように「〜なくてはいけない」か「〜てはいけない」を使って書きなさい。

> 例　先生　　入学願書はきれいな字で＿＿＿書かなくてはいけません。
> （書く）

1. 学生　9時15分に学校へ来てもいいですか。
   先生　いいえ、9時10分までに＿＿＿＿＿＿＿＿＿＿＿＿＿
   （来る）

2. 学生　願書はえんぴつで書いてもいいですか。
   先生　いいえ、えんぴつで＿＿＿＿＿＿＿＿＿＿＿＿＿
   （書く）

3. 学生　この作文は今日出さなくてはいけませんか。
   先生　はい、今日＿＿＿＿＿＿＿＿＿＿＿＿＿＿
   （出す）

4. 患者　この薬は毎日＿＿＿＿＿＿＿＿＿＿＿＿＿＿
   （飲む）
   医者　いいえ。痛い時だけ飲んでください。

5. A　今晩、映画を見に行きませんか。
   B　すみません。行きたいんですが、6時までにうちへ＿＿＿＿＿＿＿＿＿
   　ので…。
   （帰る）

　___にひらがなをひとつ書<ruby>書<rt>か</rt></ruby>きなさい。

先生　ワンさんは、もう進路を決めましたか。

ワン　はい。私は美術大学___油絵___勉強___するつもりです。

先生　どんな学校がある___調べましたか。

ワン　はい、調べました。私立大学___2、3校受験するつもりです。

先生　実技試験の準備はしていますか。

ワン　ええ。来月___ ___、放課後、デッサン___学校___通うつもりです。

21 訪問

 1-17

訪問のマナー

1 人を訪問する時

あらかじめ電話で日時を約束します。
電話をしないで訪問してはいけません。

約束した時間より早く行っては
いけません。約束の時間に行きます。

2 玄関に入る時

ベルやチャイムを鳴らします。勝手に
ドアや戸を開けてはいけません。

玄関の戸を閉めないで上がっては
いけません。

③ うちに上がる時

靴を脱ぎます。

上がってから靴をそろえます。

そろえないで部屋に入ってはいけません。

④ 手みやげを渡す時

手みやげは部屋に入ってから渡します。でも、花や生鮮食品は玄関で渡したほうがいいです。

「どうぞお使いください。」とか、「お口に合わないかもしれませんが、召し上がってください。」などと言います。

⑤ ごはんを食べる時

嫌いな物は無理に食べなくてもいいです。

⑥ 帰る時

「今日は本当にありがとうございました。」とお礼を言います。お礼を言わないで帰ってはいけません。

7 次に会った時

必_{かなら}ず「先日_{せんじつ}はどうもありがとう
ございました。」とお礼_{れい}を言います。

文型 sentence pattern

1 電話をしないで訪問_{ほうもん}してはいけません。

(1) 私はいつも砂糖を入れないでコーヒーを飲みます。

(2) 私は昨日宿題をしないで寝てしまいました。

2 花や生鮮_{せいせんしょくひん}食品は、玄関_{げんかん}で渡_{わた}したほうがいいです。

(1) A　どうしたんですか。
　　 B　頭が痛いんです。
　　 A　今日は早く帰ったほうがいいですよ。
　　 B　ええ、そうします。

(2) A　今度、山田_{やまだ}さんのうちへ行くんですが、何か持って行ったほうが
　　　　いいでしょうか。
　　 B　ええ、そのほうがいいと思いますよ。

(3) マリー　これ、何ですか。

　　　広田　わさびです。辛いから、たくさん

　　　　　　入れないほうがいいですよ。

3 嫌いなものは無理に食べなくてもいいです。

(1) 先生　みなさん、宿題のプリントを出してください。

　　学生　はい。あのう、先生、作文も今出さなくてはいけませんか。

　　先生　その作文は明日までですから、今出さなくてもいいですよ。

(2) A　朝日大学へ願書を出しに行こうと思っているんですが、

　　　あらかじめ電話をしたほうがいいでしょうか。

　　B　しなくてもいいと思いますよ。

(3) A　この机、片付けましょうか。

　　B　いいえ、片付けなくてもいいです。明日も使いますから。

(4)　　　　客　この手紙を来週の水曜日までに札幌に送りたいんですが、

　　　　　　　速達のほうがいいでしょうか。

　　郵便局の人　いいえ、速達じゃなくてもいいと思いますよ。

(5) （旅行会社で）

　　　　　　客　航空券のお金は、今日払わなくてはいけませんか。

　　旅行会社の人　いいえ、今日じゃなくてもけっこうです。

a. 例のように言いましょう。　　　　　　　　　　　1-18

> 例　A　来週の木曜日に 大阪（おおさか）へ行こう と思っているんですが、
> 切符を予約したほうがいいでしょうか。
>
> B 〔ええ、したほうがいい と思いますよ。
> 　いいえ、しなくてもいい と思いますよ。

1. 夏休みに／沖縄（おきなわ）へ行く／切符を予約する／ええ

2. 日曜日に／先生のうちへ行く／何か持って行く／ええ

3. 明日／歯医者（はいしゃ）へ行く／予約をする／ええ

4. 夏休みに／北海道（ほっかいどう）へ行く／セーターを持って行く／いいえ

どうぞお上がりください。

（高木先生のうちのドアの前で）

（ピンポーン）

先生の奥さん　はい、どちらさまですか。

良子　吉田です。

奥さん　あ、良子さん。今開けますから、ちょっとお待ちください。

（玄関で）

奥さん　いらっしゃい。

良子　こんにちは。

奥さん　こんにちは。どうぞ、お上がりください。

高木先生　やあ、いらっしゃい。

良子　先生、お久しぶりです。

先生　さあ、どうぞ。

良子　おじゃまします。

（部屋で）

良子　あのう、これは母が作ったお菓子なんです。
お口に合わないかもしれませんが、
どうぞ召し上がってください。

奥さん　　まあ、すみません。

先生　　ありがとう。

奥さん　　どうぞそちらへ。

良子　　失礼します。

（帰る時）

良子　　あのう、今日はそろそろ失礼します。

先生　　もう少しゆっくりしていってください。

良子　　ありがとうございます。でも…。

先生　　そうですか。

（玄関で）

良子　　今日は本当に楽しかったです。

　　　　どうもありがとうございました。

奥さん　　またいつでもいらっしゃってください。

良子　　ありがとうございます。

先生　　おうちのみなさんにもよろしくお伝えください。

良子　　はい。じゃ、失礼します。

奥さん　　お気をつけて。

4 ちょっと**お待ち**ください。

(1) どうぞお入りください。

(2) どうぞお上（あ）がりください。

(3) どうぞお座りください。

(4) どうぞおかけください。

(5) おうちのみなさんにもよろしくお伝（つた）えください。

※ どうぞ召（め）し上（あ）がってください。

5　これは母が作ったお菓子です。

これは　母が作った　お菓子　です。

(1)　これは私が子供の時にかいた絵です。

(2)　これは私たちが泊まるホテルです。

(3)　A　この建物は何ですか。

　　　B　これは私が今勉強している学校です。

　　　A　これも学校ですか。

　　　B　いいえ、これは先週行った博物館です。

(4)　マリー　　私は料理が下手なんです。

　　　ワン　　そんなことはありませんよ。

　　　　　　　先週のパーティーでマリーさんが作ったサラダは

　　　　　　　とてもおいしかったですよ。

(5)　私が明日訪問するお宅は、三鷹駅のそばです。

(6)　ファッションの専門学校の文化祭で、学生が作った服を買いました。

(7)　武　　どこでお茶を飲みましょうか。

　　　良子　先週行ったお店へ行きませんか。

　　　武　　いいですね。

～てはいけません。	と	～てもいいです。

ここでたばこを吸ってはいけません。

（第9課－文型5）

ここでたばこを吸ってもいいです。

（第9課－文型4）

～なくてはいけません。	と	～なくてもいいです。

10時までに帰らなくてはいけません。

（第20課－文型5）

10時までに帰らなくてもいいです。

（第21課－文型3）

JUMP UP!

練習問題

1 ＿＿＿にひらがなをひとつ書きなさい。

1. 玄関に入る時はベル＿＿＿チャイム＿＿＿鳴らします。
   勝手＿＿＿ドア＿＿＿戸＿＿＿開けてはいけません。

2. 手みやげ＿＿＿部屋＿＿＿入って＿＿＿　＿＿＿渡します。

3. 嫌いな物＿＿＿無理＿＿＿食べなくてもいいです。

4. これ＿＿＿私＿＿＿子供の時＿＿＿かいた絵です。

5. 先週＿＿＿パーティー＿＿＿良子さん＿＿＿作ったケーキ＿＿＿とてもおいしかったです。

2 絵を見て＿＿＿に適当な言葉を書きなさい。

1. 山本　お砂糖を入れましょうか。

   田中　ありがとうございます。

   　　　でも、私はいつも砂糖を

   ＿＿＿＿＿＿＿＿＿＿＿＿＿＿飲むんです。

2. 今朝は遅く起きたので、朝ごはんを

   ＿＿＿＿＿＿＿＿＿＿＿＿＿＿学校へ来ました。

3. 日本では靴を＿＿＿＿＿＿＿＿＿＿＿＿うちに

   上がってはいけません。

3 例のように＿＿＿に適当な言葉を書きなさい。

> **例** A かぜをひいて頭が痛いんです。
>
> B 今日は早く＿＿帰った＿＿ほうがいいですよ。

1. A 夏休みに北海道へ行こうと思っているんです。

   B じゃあ、早く切符を＿＿＿＿＿＿＿ほうがいいですよ。

2. 学生 願書を書いたんですが、これでいいでしょうか。

   先輩 もっときれいに＿＿＿＿＿＿＿ほうがいいですよ。

3. 学生A 明日、国から兄が来るので、学校を休もうと思っているんです。

   学生B 明日はテストがあるから、＿＿＿＿＿＿＿ほうがいいですよ。

4 正しいものに○をつけなさい。

1. あらかじめ日時を約束しないで人を
   - a. 訪問してはいけません。
   - b. 訪問しなくてはいけません。
   - c. 訪問しなくてもいいです。

2. 玄関のドアを開ける前に、

   ベルやチャイムを
   - a. 鳴らしてはいけません。
   - b. 鳴らさなくてはいけません。
   - c. 鳴らさなくてもいいです。

3. 日本では、うちに上がる時は、靴を
   - a. 脱いではいけません。
   - b. 脱がなくてはいけません。
   - c. 脱がなくてもいいです。

4. 嫌（きら）いなものは無理（むり）に
　a. 食（た）べてもいいです。
　b. 食（た）べなくてはいけません。
　c. 食（た）べなくてもいいです。

5 絵（え）を見（み）て例（れい）のように書（か）きなさい。

例　これは ＿＿＿私（わたし）が作（つく）った＿＿＿ ケーキ です。

1. これは、＿＿＿＿＿＿＿＿＿＿＿＿＿ ＿＿＿＿ です。

2. 広田（ひろた）　何（なに）がいちばんおいしかったですか。
　マリー　＿＿下田（しもだ）で＿＿＿＿＿＿＿＿ ＿＿＿＿ が、
　　おいしかったです。

3. ボビー　学生会館（がくせいかいかん）の近くに、いい外科病院（げかびょういん）はありませんか。
　チン　中村外科病院（なかむらげかびょういん）はどうですか。
　ボビー　ああ、＿＿おととい＿＿＿＿＿＿＿ ＿＿＿＿ ですね。

4. これは＿＿＿＿＿＿＿＿＿＿＿＿＿＿ ＿＿＿＿ です。

 絵を見て、（　　）に記号を書きなさい。

1. どうぞ、お上がりください。（　　）

2. どうぞ、お座りください。（　　）

3. どうぞ、召し上がってください。（　　）

4. どうぞ、おかけください。（　　）

5. どうぞ、お入りください。（　　）

a.　　　　b.　　　　c.

d.　　　　e.

7 あなたの国の訪問のマナーを書きなさい。

例　日時を約束しないで訪問してはいけません。

____

____

____

8 本文1を読んで、正しいものには○、まちがっているものには×をつけなさい。

1. （　　　）人を訪問する時は、あらかじめ日時を約束しなくてはいけない。

2. （　　　）うちに上がる時は、自分で靴をそろえなくてもいい。

3. （　　　）ごはんを食べる時は、嫌いな物も食べなくてはいけない。

4. （　　　）次に会った時は、この前のお礼を言ったほうがいい。

 1-20

アルバイト募集（ぼしゅう）

翻訳（ほんやく）アシスタント
募集（ぼしゅう）

- 英字新聞（えいじしんぶん）が読める方（かた）
- パソコンができる方歓迎（かたかんげい）
- 好きな時間が選（えら）べます。
  - ① 10：00 a.m. 〜 12：00 p.m.
  - ② 1：00 p.m. 〜 3：00 p.m.
  - ③ 3：00 p.m. 〜 5：00 p.m.
- 2時間で 2,500 円

リンガル 出版（しゅっぱん）

千代田区神田神保町 1 − 7

☎ 3239 − 70××

ニイハオ学院（がくいん）

文京区本郷 6 − 7

☎ 3817 − 20××

中国語会話教室（ちゅうごく ご かいわ きょうしつ）

アシスタント

- ＊ 中国人（ちゅうごくじん）で日本語が話せる方（かた）
- ＊ 週 3 日以上（いじょう）できる方（かた）
- ＊ 時給（じきゅう）　1,500 円

プール監視員（かんしいん）

☆ クロールで 1,000 メートル以上（いじょう）泳げる方（かた）

☆ 時給（じきゅう）　1,000 円

東京（とうきょう）カッパプール

中野区中央 5 − 2

☎ 3319 − 28××

パソコンが覚えられます！

◆ 事務スタッフ

◆ 1 : 00 p.m. 〜 5 : 00 p.m.

◆ 時給　1,000 円

文化データサービス

新宿区西新宿 6 − 2 − 303

電話：3304 − 59××

引っ越し作業スタッフ　募集！

● 車の運転ができる方

● 来週から始められる方

● 日給　8,000 〜 13,000 円

世田谷区用賀 3 − 11

TEL：3429 − 94 ××

楽しく働けます

演奏者募集

・ピアノ、エレクトーンが弾ける方

・土、日に来られる方

・時給　2,000 円

結婚式場　寿会館

品川区西品川 8 − 15

☎ 3888 − 88××

1　ピアノが弾（ひ）けます。

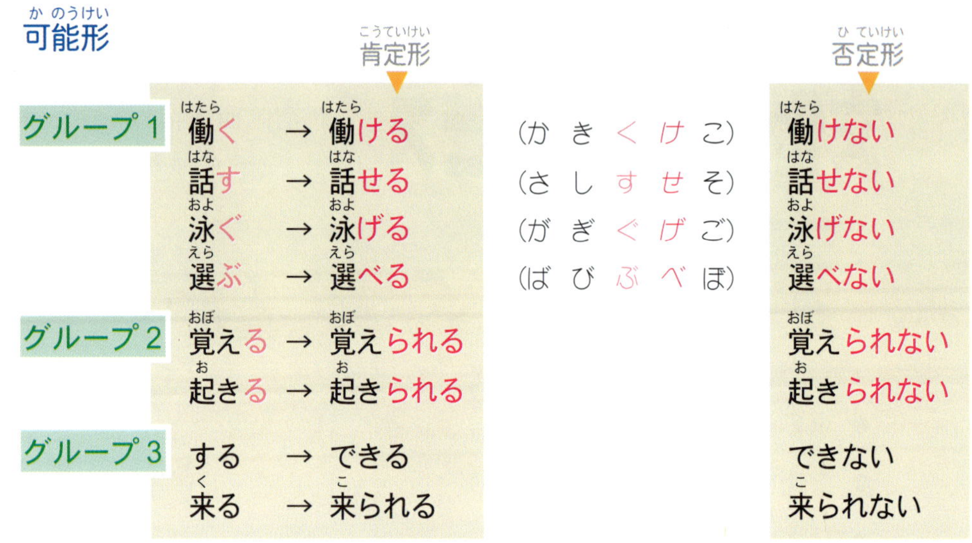

中国語（ちゅうごくご）を話（はな）します。　→　中国語が話せます。　中国語は話せません。

(1)　**A**　漢字が読めますか。

　　　B　はい、読めます。

(2)　**A**　日本料理が作れますか。

　　　B　いいえ、日本料理は作れません。

(3)　**A**　パソコンは難しいですか。

　　　B　いいえ。すぐ覚えられますよ。

(4)　**A**　車の運転（うんてん）ができますか。／車が運転（うんてん）できますか。

　　　B　いいえ、できません。

(5)　**A**　自転車（じてんしゃ）に乗れますか。

　　　B　いいえ、自転車（じてんしゃ）には乗れません。

※**A**　コンタクトレンズをするのは初めてなんですが、だいじょうぶでしょうか。

　　B　だいじょうぶですよ。すぐ慣れますから。

※よく日本語を使う人は早く上手になります。（☞ 12課－文型5）

 1-21

結婚式場（けっこんしきじょう）でアルバイトをしたことがありますか。

京子（きょうこ）　もしもし…。

社員（しゃいん）　はい、寿会館（ことぶきかいかん）です。

京子（きょうこ）　あのう、アルバイトの広告（こうこく）を見たんですが、
内容（ないよう）をもっと詳（くわ）しく知りたいんです。

社員（しゃいん）　そうですか。結婚式場（けっこんしきじょう）でエレクトーンやピアノを
弾（ひ）く仕事です。失礼ですが、学生さんですか。

京子（きょうこ）　はい、音楽大学（おんがくだいがく）でピアノの勉強をしています。

社員（しゃいん）　そうですか。今までに結婚式場（けっこんしきじょう）でアルバイトを
したことがありますか。

京子（きょうこ）　いいえ、ありません。

社員（しゃいん）　エレクトーンは弾（ひ）けますか。

京子（きょうこ）　いいえ、ピアノなら弾（ひ）けますが、エレクトーンはちょっと…。

社員（しゃいん）　そうですか。でもだいじょうぶです。
少し練習すればすぐ弾（ひ）けますよ。

京子（きょうこ）　仕事は土曜日と日曜日だけですか。

社員（しゃいん）　いいえ、平日（へいじつ）もありますよ。

京子（きょうこ）　あのう、平日（へいじつ）は学校が忙しいので、あまり行けないんですが…。

社員　１週間にどのぐらい来られますか。

京子　ええと、週３日…、水、土、日なら行けます。

社員　わかりました。では来週の土曜日の２時から

　　　面接をしますので、来てください。

京子　はい。

社員　ええと、失礼ですが、お名前は？

京子　小野 京子と申します。

社員　小野 京子さんですね。

　　　私は木下と申します。

　　　では、２時にお待ちしています

京子　よろしくお願いします。

　　　失礼します。

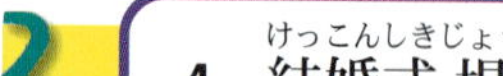
文型 → sentence pattern

2

A　結婚式場で仕事をしたことがありますか。

B　はい、あります。
　　いいえ、ありません。

（1）A　タイ料理を食べたことがありますか。
　　　B　ええ、１度だけあります。

(2)　**A**　ピアノを習^{なら}ったことがありますか。

　　　B　ええ。小さい時、少し習^{なら}いました。

(3)　私はまだ北海道^{ほっかいどう}へ行ったことがありません。

3　ピアノなら弾^ひけます。

(1)　**A**　今度の土曜日、映画を見に行きませんか。

　　　B　土曜日はちょっと…。日曜日なら行けるんですが…。

(2)　（日本料理店^{に ほんりょう り てん}で）

　　　幸子^{さち こ}　チンさんはおさしみが食べられますか。

　　　チン　おさしみはちょっと…。でも、焼^やき魚^{ざかな}なら食べられます。

　　　幸子^{さち こ}　そうですか。じゃあ、焼^やき魚^{ざかな}を注文^{ちゅうもん}しましょう。

(3)　良子^{よし こ}　武^{たけし}さんは料理が作れますか。

　　　武^{たけし}　そうですね。簡単^{かんたん}な料理なら作れます。

4　練習すれば、弾^ひけます。

「〜ば」の形^{かたち}

グループ1	行^いく　→　行^いけば	（か　き　く　け　こ）
	飲^のむ　→　飲^のめば	（ま　み　む　め　も）
グループ2	見^みる　→　見^みれば	
	食^たべる　→　食^たべれば	
グループ3	する　→　すれば	
	来^くる　→　来^くれば	

（1）　学生　図書館の本を借りたいんですが、どうすればいいですか。
　　　先生　図書館のカウンターで手続<ruby>てつづ</ruby>きをすれば借りられますよ。

（2）　*A*　学校のパソコンを使いたいんですが…。
　　　B　先生に言えば使えますよ。

（3）　*A*　3時の新幹線に乗りたいんですが、間<ruby>ま</ruby>に合<ruby>あ</ruby>うでしょうか。
　　　B　タクシーで行けば、間<ruby>ま</ruby>に合<ruby>あ</ruby>いますよ。

A　1週間にどのぐらい来られますか。
B　3日ぐらいです。

（1）　*A*　1か月にどのぐらい本を読みますか。
　　　B　1か月に3冊<ruby>さつ</ruby>ぐらい読みます。

（2）　*A*　よくコンサートに行きますか。
　　　B　はい、1か月に2回<ruby>かい</ruby>ぐらい行きます。

（3）　*A*　よく映画を見に行くんですか。
　　　B　いいえ。半年<ruby>はんとし</ruby>に1度<ruby>ど</ruby>ぐらいです。

※ *A*　どのぐらい泳げますか。
　　B　1,000メートルぐらい泳げます。／ぜんぜん泳げないんです。

a. 例のように言いましょう。　　　1-22

> **A** 漢字を勉強したことがありますか。
> **B** いいえ。漢字は勉強したことがないんです。
> **A** そうですか。でも、だいじょうぶです。
> 　毎日勉強すれば、覚えられますよ。

1. 日本料理を作る／本を見る／作れる

2. ギターを弾く／練習する／弾ける

3. 事務の仕事をする／2、3日やる／慣れる

4. スキーをする／練習する／上手になる

b. 例のように言いましょう。　　　1-23

> **A** よく映画を見に行きますか。
> **B** いいえ、半年に1回ぐらいです。

1. 旅行をする／1年に1回

2. うちで料理をする／2週間に1回

3. 家族に手紙を書く／3か月に1回

4. ドライブに行く／半年に1回

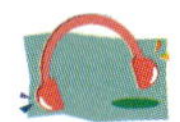 1-24

ここでたばこを吸うことはできません。

（披露宴会場 で）

木下　ここは披露宴会場です。

　　　あそこにエレクトーンがあります。

京子　後で練習してもいいですか。

木下　ええ、今日は結婚式がありませんから、

　　　いいですよ。

京子　ありがとうございます。

木下　では次に休憩室へ行きましょう。

木下　ここは社員の休憩室ですが、アルバイトの方も

　　　使うことができます。自由に使ってください。

　　　あ、でも、ここでたばこを吸うことはできません。

　　　隣に喫煙室がありますから、そこで吸ってください。

6 

アルバイトの方<ruby>方<rt>かた</rt></ruby>も使うことができます。

ここでたばこを吸うことはできません。

(1) 学生はL.L. 教室<rt>きょうしつ</rt>を自由に使うことができます。

(2) 3歳以下<rt>いか</rt>の子供は無料<rt>むりょう</rt>でバスに乗ることができます。

(3) 学生会館で動物を飼<rt>か</rt>うことはできません。

(4) 外国人は観光<rt>かんこう</rt>ビザで働くことはできません。

練習問題

1 表を完成しなさい。

辞書形	グループ	可能形	辞書形	グループ	可能形
覚える			運転する		
読む			来る		
行く			書く		

2 ＿＿＿にひらがなをひとつ書きなさい。

1. A　車＿＿＿運転＿＿＿できますか。

   B　いいえ、できません。

2. A　自転車＿＿＿乗れますか。

   B　いいえ、自転車＿＿＿＿＿＿乗れません。

3. A　よく家族＿＿＿手紙＿＿＿書きますか。

   B　いいえ。半年＿＿＿1回ぐらいです。

4. A　事務＿＿＿仕事＿＿＿したこと＿＿＿ありますか。

   B　いいえ、事務＿＿＿仕事＿＿＿したこと＿＿＿ないんです。

5. 学生＿＿＿L.L.教室＿＿＿自由＿＿＿使うこと＿＿＿できます。

6. 学生会館＿＿＿動物＿＿＿飼うこと＿＿＿できません。

3 例のように文を作りなさい。

> 例 日本語を話す　→　日本語が話せます。

1. ピアノを弾く　→　________________________

2. 料理を作る　→　________________________

3. 漢字を書く　→　________________________

4. クロールで1,000メートル泳ぐ

　→　________________________

5. 学校のテープを借りる

　→　________________________

6. 図書館で勉強する

　→　________________________

4 例のように答えなさい。

> 例 A　よく映画を見に行きますか。
> B　はい、<u>1週間に1度ぐらい行きます。</u>
> 　　　　（1週間／1度ぐらい）

1. A　よくテニスをしますか。

　B　はい、________________________

　　　　　　（1週間／2回ぐらい）

2. *A* 　1か月に、どのぐらい本を読みますか。

　　 B ＿＿＿＿＿＿＿＿＿＿＿＿＿＿＿＿＿＿＿＿＿＿＿＿＿

　　　　　　　　　（1か月／2、3冊）

3. *A* 　毎日、何時間ぐらい勉強しますか。

　　 B ＿＿＿＿＿＿＿＿＿＿＿＿＿＿＿＿＿＿＿＿＿＿＿＿＿

　　　　　　　　　（1日／3時間ぐらい）

4. *A* 　どのぐらい泳げますか。

　　 B ＿＿＿＿＿＿＿＿＿＿＿＿＿＿＿＿＿＿＿＿＿＿＿＿＿

　　　　　　　　　（クロールで／500メートルぐらい）

5. *A* 　どのぐらいフランス語が話せますか。

　　 B ＿＿＿＿＿＿＿＿＿＿＿＿＿＿＿＿＿＿＿＿＿＿＿＿＿

　　　　　　　　　（ぜんぜん）

5　（　　）の中の言葉を適当な形にして、＜　　＞に書きなさい。
　　　＿＿には可能形を使って書きなさい。

1. 学生　図書館の本を借りたいんですが。

　　 先生　手続きを＜　　　　　　　＞ば、＿＿＿＿＿＿＿＿＿＿よ。
　　　　　　　　（する）　　　　　　　　　　　（借りる）

2. 学生*A*　Ｌ.Ｌ.教室を使いたいんですが。

　　 学生*B*　先生に＜　　　　　　　＞ば、＿＿＿＿＿＿＿＿＿＿よ。
　　　　　　　　（言う）　　　　　　　　　　　（使う）

3. 吉田　明日の朝5時半に起きなくてはいけないんです。

　　 佐藤　今晩、早く＜　　　　　　　＞ば、＿＿＿＿＿＿＿＿＿＿よ。
　　　　　　　　（寝る）　　　　　　　　　　　（起きる）

6 例のように書きなさい。

例　休憩室でたばこを吸うことができます。

1.　図書館で＿＿＿＿＿＿＿＿＿＿＿＿＿＿＿＿＿＿

2.　映画館で＿＿＿＿＿＿＿＿＿＿＿＿＿＿＿＿＿＿

3.　休憩室で＿＿＿＿＿＿＿＿＿＿＿＿＿＿＿＿＿＿

7 自分のことについて答えましょう。

1.　あなたは、北海道へ行ったことがありますか。

＿＿＿＿＿＿＿＿＿＿＿＿＿＿＿＿＿＿＿＿＿＿＿＿＿＿

2.　あなたは、パンダを見たことがありますか。　　　　＊パンダ

＿＿＿＿＿＿＿＿＿＿＿＿＿＿＿＿＿＿＿＿＿＿＿＿＿＿

3.　あなたは、日本で車を運転したことがありますか。

＿＿＿＿＿＿＿＿＿＿＿＿＿＿＿＿＿＿＿＿＿＿＿＿＿＿

4. あなたは、おすしを食べたことがありますか。

____

8　例のように「なら」を使って書きなさい。

> 例　良子　武さんは料理が作れますか。
> 　　武　そうですね。　簡単な料理なら作れます。
> 　　　　　　　　　　　（簡単な料理）

1.（日本料理店で）
　　良子　マリーさんはおすしが食べられますか。

　　マリー　おすしはちょっと…。でも、____________________________

　　　　　　　　　　　　　　　　　　　（てんぷら）

2.　鈴木　ジミーさんは日本語が読めますか。

　　ジミー　ええ、____________________________

　　　　　　　　　　　（ひらがなとカタカナ）

3.　良子　一郎さんは料理が作れますか。

　　一郎　そうですね。____________________________

　　　　　　　　　　　　　（カレーライス）

4.　アルン　今度の日曜日、テニスをしに行きませんか。

　　京子　日曜日はちょっと…。____________________んですが…。

　　　　　　　　　　　　　　　　　　（土曜日）

9 ［　］の中の言葉を適当な形にして＿＿に書きなさい。同じ言葉を何回使ってもいいです。

（電話で）

社員　今までに結婚式場でアルバイトをしたことがありますか。

京子　いいえ、ありません。

社員　エレクトーンは＿＿＿＿＿＿＿＿＿＿＿＿か。

京子　いいえ、ピアノなら＿＿＿＿＿＿＿＿＿＿んですが、

　　　エレクトーンはちょっと…。

社員　そうですか。でもだいじょうぶです。

　　　少し＿＿＿＿＿＿＿＿＿＿ばすぐ＿＿＿＿＿＿＿＿＿＿よ。

京子　仕事は土曜日と日曜日だけですか。

社員　いいえ、平日もありますよ。

京子　あのう、平日は学校が忙しいので、あまり＿＿＿＿＿＿＿＿＿＿んですが…。

社員　1週間にどのぐらい＿＿＿＿＿＿＿＿＿＿ますか。

京子　ええと、週3日…、水、土、日なら＿＿＿＿＿＿＿＿＿＿

社員　わかりました。では来週の土曜日の2時から

　　　面接をしますので、来てください。

京子　はい。

来る　••••　弾く　　　行く　•••••••　練習する

23 ワンさんへのプレゼント

文型 → Sentence Pattern

1
涼し { そうです。
　　　 くなさそうです。

（1）A　どれを買いましょうか。

　　　B　あのショートケーキがおいしそうですよ。

　　　A　じゃ、あれを買いましょう。

(2)　　　男の人　重そうですね。手伝いましょうか。
　　おばあさん　すみません。お願いします。

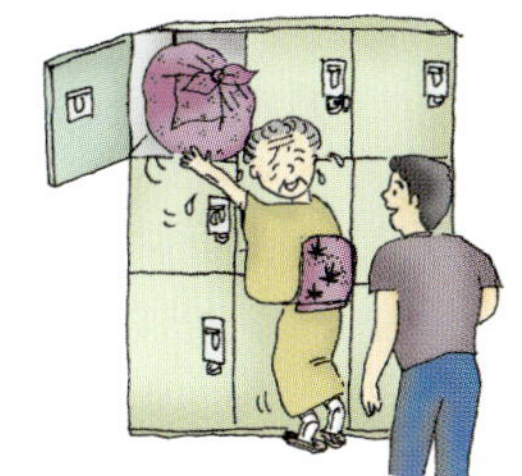

(3)　ワン　この本の料理は全部難しそうですね。
　　マリー　そうですね…。
　　　　　あっ、でも、牛どんはあまり
　　　　　難しくなさそうですよ。

(4)　京子　暖かそうなコートですね。
　　良子　ええ。でも、ちょっと重いんです。

2　便利 {　そうです。
　　　　　じゃなさそうです。　／　ではなさそうです。

(1)　マリーさんのハンドバッグは、小さいポケットがたくさんあって
　　便利そうです。

(2)　(魚屋で)
　　A　この店の魚はあまり新鮮じゃなさそうだから、
　　　　ほかの店へ行きませんか。
　　B　そうですね。

3　雨が降りそうです。

(1)　**A**　空が暗いですね。
　　B　そうですね。雨が降りそうですね。

(2) （電車の中で）

    A　あのう、かばんが落ちそうですよ。

    B　ありがとうございます。

(3)　洋子　スーパーへ行って来ます。

    母　じゃあ、シャンプーがもうすぐ

       なくなりそうだから、買って来て。

(4)　リー　マリーさん、ボタンが取れそうですよ。

※ **A**　すごい雨ですね。

  B　そうですね。

    しばらくやみそうにありませんね。

「〜そう」の形

	辞書形	肯定形	否定形
い形容詞	おいしい ※ いい	おいしそうです よさそうです	おいしくなさそうです よくなさそうです
な形容詞	便利	便利そうです	便利じゃなさそうです 便利ではなさそうです
動　詞	降る	降りそうです	降りそうにありません

4 あんなワンピースがほしいと思っていたんです。

(1) **A** これはどこですか。
　　B 沖縄です。
　　A きれいですね。
　　　　私もこんな海で泳ぎたいです。

(2) そのスーツ、すてきですね。
　　私もそんなのを着てみたいです。

5 ワンピースがほしいと思っていたんです。

(1) **A** うちわがほしいと思っているんですが、
　　　　どこで買えるでしょうか。
　　B デパートへ行けばあると思いますよ。

(2) 良子　武さん、これ、イタリアのおみやげです。
　　武　どうもありがとうございます。
　　　　開けてみてもいいですか。
　　良子　ええ、どうぞ。
　　武　ああ、いい色ですね。前からこんなネクタイがほしいと
　　　　思っていたんです。どうもありがとうございます。

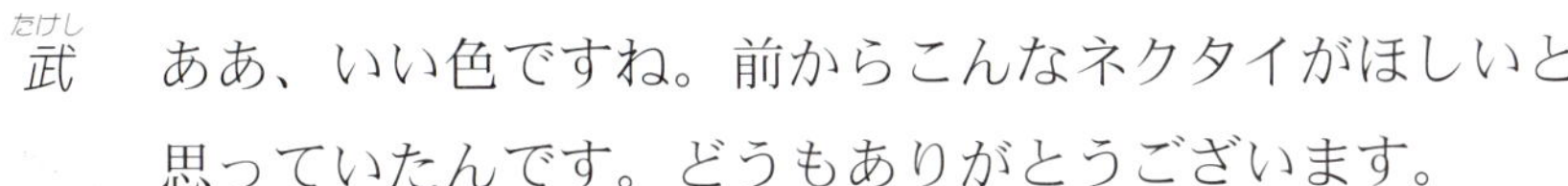
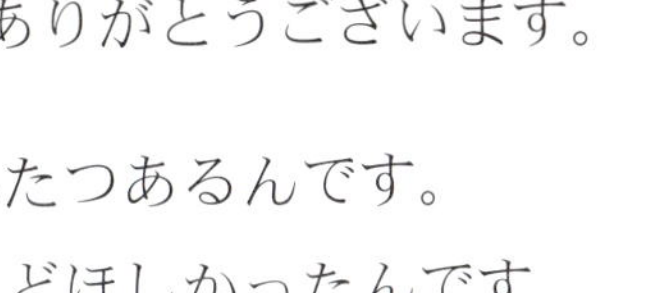

(3) **A** カレンダー、要りませんか。ふたつあるんです。
　　B ありがとうございます。ちょうどほしかったんです。

(4)（薬屋で）
　　客　すみません。かぜ薬がほしいんですが。

a. 絵を見て言いましょう。

b. 例のように言いましょう。

> **例**　店員　いらっしゃいませ。
>
> 　　　客　あのう、**自転車**がほしいんですが。
>
> 　　店員　どんなのがよろしいですか。
>
> 　　　客　**あまり高くない**のがほしいんです。

1. CDプレーヤー／小さくて軽い
2. かぜ薬（くすり）／眠（ねむ）くならない
3. 頭痛薬（ずつうやく）／あまり強（つよ）くない
4. カメラ／使いやすい

c. 例のように言いましょう。

1-26

> **例1**　A　何を見ているんですか。
>
> 　　　B　**カメラ**の広告です。
>
> 　　　A　**カメラ**ですか。
>
> 　　　B　ええ、**今使っているカメラは古い**ので、
>
> 　　　　　**新しいカメラが**ほしいんです。

1-27

> **例2**　A　何を見ているんですか。
>
> 　　　B　**マンション**の広告です。
>
> 　　　A　**マンション**ですか。
>
> 　　　B　ええ、**今住んでいる所は狭い**ので、
>
> 　　　　　**広い所に引（ひ）っ越（こ）し**たいんです。

1. コンピューター／来年専門学校で使う／いいコンピューター
2. かばん／来月ハワイへ行く／大きいの
3. めがね／目（め）が悪くなってしまった／めがねを作る
4. 家具／本が増えた／本棚（ほんだな）を買う

ワンさんはブローチをほしがっていました。

（デパートで）

マリー　ほかに何か見たい物はありませんか。

リー　ワンさんにあげるプレゼントを
　　　探（さが）したいんですが…。

マリー　誕生日ですか。

リー　そうなんです。来週の水曜日なんです。

マリー　そうですか。じゃ、私もいっしょに探（さが）します。

リー　何がいいと思いますか。

マリー　そうですねえ…。あ、ワンさんは日本料理を習いたがって
　　　　いましたから、料理の本はどうでしょうか。

リー　でも、どんなのがいいか私達（わたしたち）には
　　　よくわかりませんね。

マリー　そうですね。じゃあ…。

　　　　あ、ワンさんは白い靴をほしがっていましたよ。

リー　ワンさんのサイズを知っていますか。

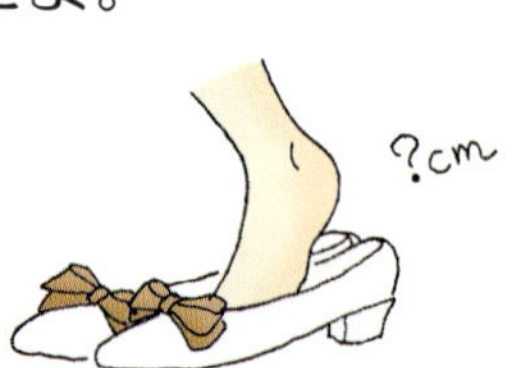

マリー　いえ…。

リー　じゃあ、靴もだめですね。

　　　あ、ブローチはどうですか。

マリー　ああ、そういえばブローチもほしいと言っていましたね。

リー　アクセサリー売場へ行ってみましょうか。

マリー　ええ、そうしましょう。

文型 → sentence pattern

6　何か見たい物はありますか。

(1) **A**　暑いですね。

　　B　そうですね。何か冷たい物が飲みたいですね。

　　A　そうですね。じゃあ、ジュースを買いに行きませんか。

(2)　リー　ワンさん、何かいいことが
　　　　　あったんですか。

　　　ワン　ええ、大学に合格したんです。

(3)　山本（やまもと）　春休みにタイへ旅行に行こうと思っているんです。

　　　マリー　そうですか。タイのどこへ行くんですか。

　　　山本（やまもと）　まだ決めていないんです。
　　　　　　どこかいい所を教えてください。

(4) **A**　いつか暇な時に遊びに来てください。

　　B　ありがとうございます。

(5)　（図書館で）

　　A　取れませんね。

　　B　そうですね。誰か背が高い人に頼（たの）みましょう。

(6)　（ディズニーランドで）

　　　マリー　おみやげの店がたくさんありますね。

広田　そうですね。マリーさんは何か買いたい物がありますか。
マリー　はい、ミッキーマウスのぬいぐるみがほしいんです。
広田　じゃあ、あの店に入ってみましょうか。

7　ワンさんはブローチをほしがっていました。

(1)　広田　木村さんへのプレゼント、何がいいと思いますか。
　　林　木村さんは財布をほしがっていましたよ。
　　広田　そうですか。じゃあ、財布がいいですね。

(2)　国の友達が日本のファッション雑誌をほしがっていたので、
　　夏休みに買って帰るつもりです。

(3)　リーさんとマリーさんは、ワンさんがほしがっていたブローチを
　　買いました。

※ ワンさんはブローチがほしいと言っていました。

8　ワンさんは日本料理を習いたがっていました。

(1)　林　もうすぐ広田さんの誕生日ですね。どこでパーティーを
　　　しましょうか。
　　木村　広田さんはタイ料理を食べたがっていましたよ。
　　林　じゃあ、タイ料理の店がいいですね。

(2)　コウ　あれ？ キムさんは？
　　山本　キムさんもいっしょに来たがっていたんですが、
　　　かぜをひいて来られなかったんです。

(3)　マリー　この間、長井さんに会いました。
　　リー　元気でしたか。
　　マリー　ええ、リーさんに会いたがっていましたよ。
　　リー　そうですか。じゃあ、電話してみます。

※ ワンさんは日本料理を習いたいと言っていました。

d. 例のように言いましょう。　1-29

> **A** 暑いですね。
>
> **B** そうですね。何か冷たい物が 飲みたいですね。
>
> **A** そうですね。じゃあ、ジュースを買いに行きませんか。

1. 寒い／何か温かい物／食べる／ラーメンを食べに行く

2. 暇だ／どこかおもしろい所／行く／原宿へ行く
   （はらじゅく）

3. 暑い／どこか涼しい所／休む／喫茶店に入る

4. おなかがすいた／何かおいしい物／食べる／レストランに入る

5. 疲れた／何か甘い物／食べる／アイスクリームを買いに行く

e. 例のように言いましょう。　1-30

> **A** 来週の水曜日はワンさんの誕生日ですね。
>
> **B** ええ。いっしょに何かあげませんか。
>
> **A** そうですね。何がいいと思いますか。
>
> **B** ブローチはどうですか。
>
> **A** ああ、そういえば花のブローチをほしがっていましたね。
>
> **B** いっしょに見に行きましょうか。
>
> **A** ええ、じゃあ、そうしましょう。

1. キムさん／手帳／革の手帳
   （てちょう）（かわ）（てちょう）

2. パクさん／コーヒーカップ／大きいコーヒーカップ

お誕生日おめでとうございます。

リー、マリー　ワンさん、お誕生日おめでとうございます。

これは私達（わたしたち）からのプレゼントです。

　　　ワン　どうもありがとうございます。

開けてみてもいいですか。

リー、マリー　ええ、どうぞ。

　　　ワン　ああ、きれいなブローチですね。

前からこんなのがほしかったんです。

本当にどうもありがとうございます。

練習問題

1 ＿＿にひらがなをひとつ書きなさい。

1. リー　ワンさんへのプレゼント、何＿＿いいと思いますか。

   マリー　ワンさんは日本料理＿＿習いたがっていましたから、
   日本料理の本がいいと思いますよ。

2. マリー　リーさんはワンさんの靴のサイズ＿＿知っていますか。

   リー　いいえ、知りません。

3. 店員　いらっしゃいませ。

   客　白いベルト＿＿ほしいんですが。

4. マリー　昨日長井さんに会ったんですよ。

   ワン　そうですか。元気でしたか。

   マリー　はい。ワンさん＿＿会いたがっていましたよ。

2 絵を見て例のように書きなさい。

例 あのケーキ、＿＿おいしそうですね。

1. 武　何を見ましょうか。

   良子　この映画が＿＿＿＿＿＿＿＿＿＿＿＿よ。

2. この時計はあまり___________________

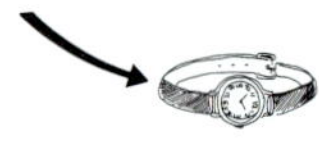

3. 男の人 ___________________ね。

   手伝いましょうか。

   おばあさん　すみません。お願いします。

4. 左の店は___________________が、

   右の店は___________________

5. この店の魚はあまり___________________

6. A　荷物が___________________ね。

   B　そうですね。

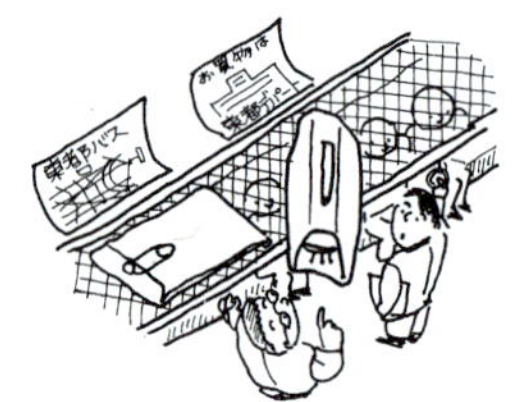

7. 母　シャンプーが___________________から、

   買って来て。

   洋子　はい。

3　正しいものに○をつけなさい。

1. そのスーツすてきですね。私も　{ a. こんな / b. そんな / c. あんな }　のが

   { a. ほしいんです。 / b. ほしかったんです。 / c. ほしがっていたんです。 }

2. 良子　これ、おみやげです。

武　ありがとうございます。前から

- a. こんな
- b. そんな
- c. あんな

ネクタイが

- a. ほしいんです。
- b. ほしかったんです。
- c. ほしがっていたんです。

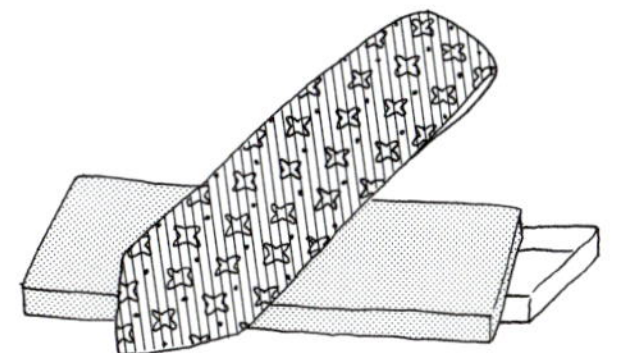

3. 弟が日本の雑誌を

- a. ほしかった
- b. ほしがっていた
- c. ほしい

ので、春休みに買って帰る

つもりです。

4. 店員　いらっしゃいませ。

客　あのう、パソコンが

- a. ほしいんですが。
- b. ほしかったんですが。
- c. ほしがっていたんですが。

4　　　　の中から適当なものを選んで記号を書きなさい。

1. ワンさんは何かほしい＿＿＿がありますか。

2. 誰か、今、辞書を持っている＿＿＿はいませんか。

3. うれしそうですね。何かいい＿＿＿があったんですか。

4. いつか暇な＿＿＿に遊びに来てください。

5. チンさんはどこか行きたい＿＿＿がありますか。

a. 物　　　b. 所　　　c. こと　　　d. 時　　　e. 人

5 例のように書きなさい。

> 広田　春休みにしたいことがありますか。
> 長井　私は毎日テニスを＿＿＿したいです。
> 　　　　　　　　　　　　例1（する）
> 　　　木村さんはフランス語を＿＿＿習いたがっていました。
> 　　　　　　　　　　　　例2（習う）

マリー　私は＿＿＿＿＿＿＿＿＿＿＿＿＿＿＿＿＿＿
　　　　　　　　　（旅行をする）

リー　ワンさんも＿＿＿＿＿＿＿＿＿＿＿＿＿＿＿よ。
　　　　　　　　　（旅行をする）

　　　私はパソコンがほしいので＿＿＿＿＿＿＿＿＿＿＿＿＿＿
　　　　　　　　　　　　　　　　（アルバイトをする）

マリー　アルンさんは国の友達に＿＿＿＿＿＿＿＿＿＿＿＿＿＿＿
　　　　　　　　　　　　　　　　（会う）

6 ＿＿＿に適当な言葉を書きなさい。

リー、マリー　ワンさん、お誕生日＿＿＿＿＿＿＿＿＿＿＿＿
　　　　　　　これは私達からのプレゼントです。

ワン　どうもありがとうございます。
　　　＿＿＿＿＿＿＿＿＿＿＿＿＿もいいですか。

リー、マリー　ええ、どうぞ。

ワン　ああ、きれいなブローチですね。
　　　前から＿＿＿＿＿＿＿＿＿＿＿＿＿が
　　　＿＿＿＿＿＿＿＿＿＿＿＿＿んです。
　　　本当にどうもありがとうございます。

24 　贈り物

 1-32

　結婚式や誕生日には、贈り物をします。これ以外にも、日本には古くから定期的に贈り物をする習慣があります。7月のお中元と12月のお歳暮です。

　お中元やお歳暮は、以前は自分で直接持って行きましたが、このごろはデパートなどに頼むようになりました。また、輸送機関が発達したので、今では生鮮食品も送れるようになりました。

　最近は、バレンタインデーやクリスマスなどにもプレゼントを贈るようになりました。毎年2月になると、チョコレート売場は、

どこも若い女の人でいっぱいになります。また、12月になると、
デパートではいろいろな品物をクリスマスプレゼントとして売り
出します。デパートの宣伝やマスコミの影響で、これらのプレ
ゼントは、年々盛んになってきました。

1 輸送機関が発達したので、生鮮食品も送れる**ようになりました**。

動詞　＋　ようになりました　　できる　→　できるようになりました。
（肯定形）　　　　　　　　　　する　　→　するようになりました。

（1）日本へ来た時はぜんぜん日本語が話せませんでしたが、最近は少し
　　話せるようになりました。

（2）生産技術が進んで、一年中、夏の野菜が食べられるようになりました。

（3）幸子　チンさんはよく野球を見ますか。

　　チン　前はぜんぜん見ませんでしたが、野球が好きな友達ができて、
　　　　　よく野球を見るようになりました。

（4）以前は男の人はあまり料理をしませんでしたが、最近は男の人も
　　よく料理をするようになりました。

※ 薬を飲んだので、かぜが治りました。

※ 薄切りの牛肉を長く煮ると、固くなります。（☞ 12課−文型5）

※ 前はさしみが嫌いでしたが、今は好きになりました。（☞ 12課−文型5）

2 最近は、お中元^{ちゅうげん}やお歳暮^{せいぼ}を自分で持って行かなくなりました。

動　詞　＋　なりました　　　　　できない　→　できなくなりました。
（否定形）　　　　　　　　　　　しない　　→　しなくなりました。

(1) フランスに住んでいた時はフランス語が話せましたが、最近は
話せなくなりました。

(2) 姉は去年結婚して北海道^{ほっかいどう}へ行ったので、あまり会えなくなりました。

(3) 国ではよくスポーツをしましたが、日本へ来てからは
しなくなりました。

(4) *A*　日本ではお正月^{しょうがつ}に着物を着るんですか。
　　B　以前^{いぜん}はよく着ましたが、最近はあまり着なくなりました。

 1-33

チョコレートをあげましたか。

（デパートの前で）

伊藤記者（いとう）　すみません。ちょっと伺（うかが）いたいんですが…。

女の人　はい。

伊藤記者（いとう）　今日はバレンタインデーなんですが、

誰かにチョコレートをあげましたか。

女の人　ええ、あげました。

伊藤記者（いとう）　どんな人にあげたんですか。

女の人　職場（しょくば）の同僚（どうりょう）や友人（ゆうじん）です。

伊藤記者（いとう）　いくつぐらいあげましたか。

女の人　そうですね…。10個ぐらいです。

伊藤記者（いとう）　10個も！

文型 → sentence pattern

 私はアルンさんにチョコレートをあげました。

（1）母（はは）の日（ひ）に私は母にカーネーションをあげました。

(2)　**A**　新しい冷蔵庫を買ったんですね。

　　　　前のはどうしたんですか。

　　B　友達にあげたんです。

(3)　　キム　　先週の日曜日はワンさんの誕生日でしたね。

　　　　　　　ワンさんに何かあげましたか。

　　マリー　　ええ、ブローチをあげました。

(4)　田中さんは佐藤さんにプールの招待券をあげました。

(5)　（デパートで）

　　武　　ほかに何か見たい物はありますか。

　　良子　ええ。財布を見たいんです。弟の誕生日に財布をあげようと

　　　　　思っているので…。

どんな物をもらいましたか。

（デパートの前で）

伊藤記者　すみません。ちょっと伺いたいんですが…。

女の人　　はい。

伊藤記者　今、お中元の時期なんですが、今年、

　　　　　もうお中元をもらいましたか。

女の人　　いえ、今年はまだですが…。

伊藤記者　では、去年は、何人ぐらいの人に

　　　　　お中元をもらいましたか。

女の人　　そうですね…。10人ぐらいです。

伊藤記者　そうですか。

　　　　　どんな物をもらいましたか。

女の人　　よく覚えていませんが、毎年、

　　　　　調味料やお菓子などが多いです。

4　私はおおぜいの人にお中元（ちゅうげん）をもらいました。

(1)　（ワンさんの日記）
　　　今日、私はマリーさんにブローチをもらった。
　　　とてもすてきなブローチだった。

(2)　　リン　　その路線図（ろせんず）、見やすくていいですね。
　　　　　　　　どこでもらったんですか。
　　　アルン　　駅でもらったんです。

(3)　**A**　すみません。
　　　　　これ、もらってもいいですか。
　　　B　ええ、どうぞ。

(4)　バレンタインデーに武（たけし）さんは良子（よしこ）さんに
　　　チョコレートをもらいました。

(5)　私はいろいろアクセサリーを持っていますが、
　　　母にもらった指輪をいちばん大切にしています。

(6)　学生　　この学校の募集要項を
　　　　　　　もらいたいんですが…。
　　　守衛（しゅえい）　学生課（がくせいか）でもらえますよ。
　　　　　　　学生課（がくせいか）はあの建物の１階です。

※ 私は国から奨学金（しょうがくきん）をもらって勉強しています。

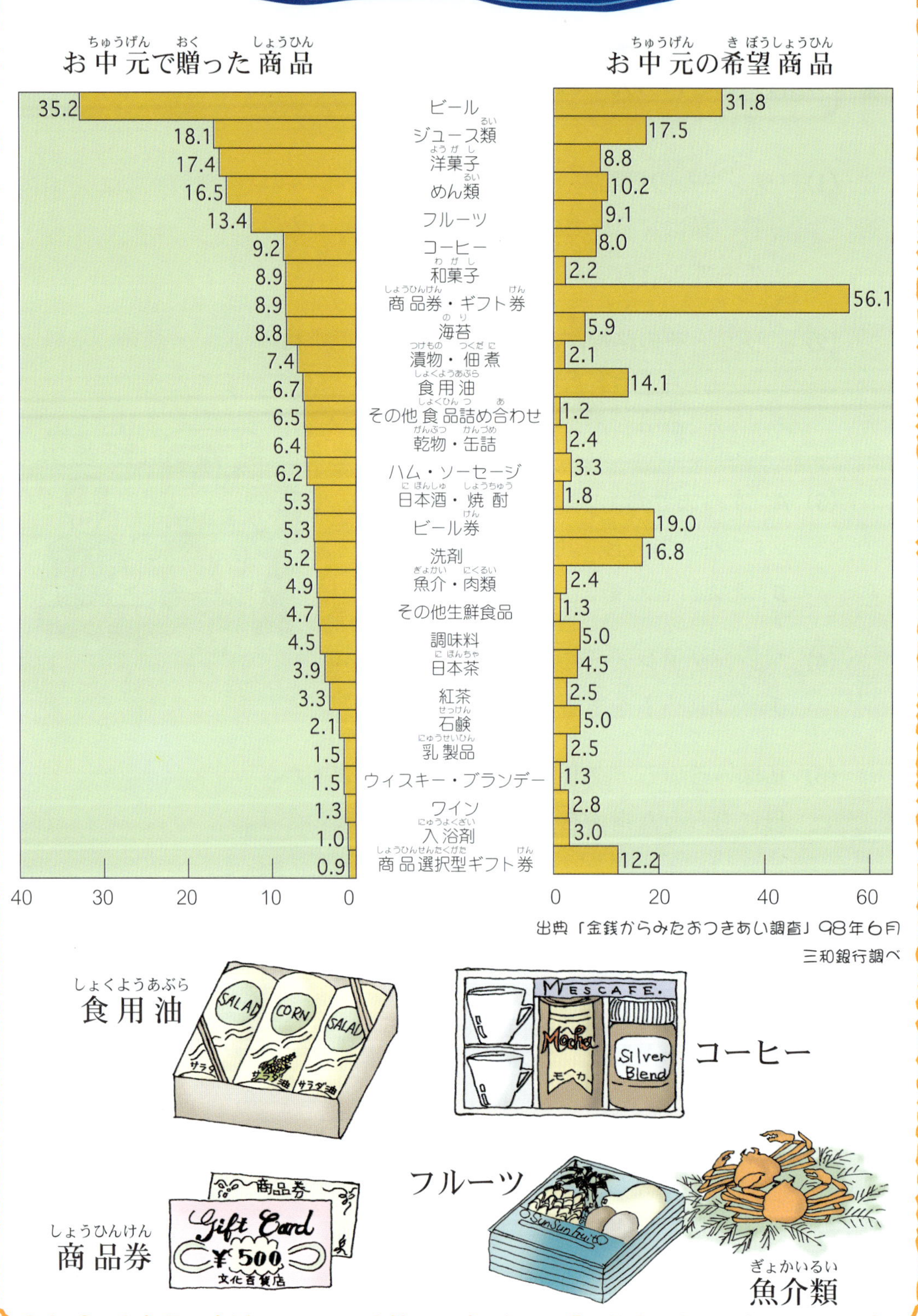

お中元に関するアンケート調査

お中元で贈った商品
お中元の希望商品

ビール
ジュース類
洋菓子
めん類
フルーツ
コーヒー
和菓子
商品券・ギフト券
海苔
漬物・佃煮
食用油
その他食品詰め合わせ
乾物・缶詰
ハム・ソーセージ
日本酒・焼酎
ビール券
洗剤
魚介・肉類
その他生鮮食品
調味料
日本茶
紅茶
石鹸
乳製品
ウィスキー・ブランデー
ワイン
入浴剤
商品選択型ギフト券

35.2
18.1
17.4
16.5
13.4
9.2
8.9
8.9
8.8
7.4
6.7
6.5
6.4
6.2
5.3
5.3
5.2
4.9
4.7
4.5
3.9
3.3
2.1
1.5
1.5
1.3
1.0
0.9

40 30 20 10 0

31.8
17.5
8.8
10.2
9.1
8.0
2.2
56.1
5.9
2.1
14.1
1.2
2.4
3.3
1.8
19.0
16.8
2.4
1.3
5.0
4.5
2.5
5.0
2.5
1.3
2.8
3.0
12.2

0 20 40 60

出典「金銭からみたおつきあい調査」98年6月
三和銀行調べ

食用油
SALAD CORN SALAD
サラダ油 サラダ油

NESCAFE.
Mocha
モカ
Silver Blend
コーヒー

商品券
Gift Card
¥500
文化百貨店

フルーツ
SunSun Fruit

魚介類

練習問題

1 ＿＿＿にひらがなをひとつ書きなさい。

1. 日本へ来た時＿＿＿ぜんぜん日本語が話せませんでした＿＿＿、

   最近＿＿＿少し話せるようになりました。

2. 母の日＿＿＿私は母＿＿＿カーネーション＿＿＿あげました。

3. 武さんは良子さん＿＿＿チョコレート＿＿＿もらいました。

4. 2月になるとチョコレート売場は女の人＿＿＿いっぱいになります。

2 ＿＿＿に適当な言葉を書きなさい。

1. 京子さんは以前はコーヒーを飲みませんでしたが、

   最近はコーヒーを＿＿＿＿＿＿＿＿＿＿＿＿＿＿なりました。
   （飲む）

2. A　もう日本に慣れましたか。食べ物はだいじょうぶですか。

   B　ええ。初めは、おさしみが食べられませんでしたが、

   このごろは＿＿＿＿＿＿＿＿＿＿＿＿なりました。
   （食べる）

3. A　日本語の勉強はどうですか。

   B　このごろ、だんだん＿＿＿＿＿＿＿＿＿＿＿＿なってきました。

   （おもしろい）

4. 伸ちゃんは子供の時はよくうちへ遊びに来ましたが、最近は＿＿＿＿＿＿＿＿

   （来る）

   なりました。

5. 以前は、結婚してから仕事をやめる女性が多かったんですが、最近は
おおぜいの女性が外で＿＿＿＿＿＿＿＿＿＿なりました。
（働く）

6. 部屋をそうじしたので、＿＿＿＿＿＿＿＿＿＿なりました。
（きれい）

7. 妹は去年結婚して京都へ行ったので、あまり＿＿＿＿＿＿＿＿＿
（会う）

なりました。ちょっとさびしいです。

3 例のように「あげる」か「もらう」を使って書きなさい。

例 母の日に私は母＜に＞カーネーションを＿あげました。

1. バレンタインデーに武さんは良子さん＜　＞
チョコレートを＿＿＿＿＿＿＿＿＿＿

2. キム　ワンさんの誕生日に何かあげますか。
マリー　ええ、ブローチ＜　＞＿＿＿＿＿＿＿＿＿と思っています。

3. A　すみません。
これ、＿＿＿＿＿＿＿＿＿＿もいいですか。
B　ええ、どうぞ。

4. 武　私はたくさんネクタイを持っていますが、去年の誕生日に
良子さん＜　＞＿＿＿＿＿＿＿＿＿ネクタイをいちばん
大切にしています。

4 本文1を読んで答えなさい。

1. 日本では、結婚式や誕生日以外に、どんな時に贈り物をしますか。
　　____に書きなさい。

2月　_______________________________

7月　_______________________________

12月　_______________________________　　　_クリスマス_

2. どうして今では生鮮食品も送れるようになったのですか。

_____________________________________からです。

3. 本文を読んで、正しいものには○、正しくないものには×をつけなさい。

① （　　　） 日本では、贈り物は自分で持って行かなくてはいけません。

② （　　　） 古くからクリスマスにプレゼントを贈る習慣がありました。

③ （　　　） バレンタインデーに女の人は男の人にチョコレートを贈ります。

④ （　　　） デパートの宣伝やマスコミの影響でいろいろな贈り物が盛ん

　　　　になってきました。

25 プールへ行かない？

 1-35

プールへ行かない？

良子の母　もしもし、吉田でございます。

佐藤 武　佐藤と申しますが、良子さんをお願いしたいんですが。

良子の母　はい、少々お待ちください。

吉田良子　もしもし、良子です。

武　良子さん、プールへ行かない？

友達がプールの招待券をくれたんだ。

良子　いいわね。いつ行く？

武　明日はどう？

良子　うん、いいわよ。

武　招待券が3枚あるからもう一人行けるんだけど、

誰かいない？

良子　じゃ、京子さんを誘ってもいい？

武　うん、いいよ。

良子　じゃ、京子さんに電話してみるわ。

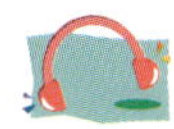 1-36

行きたいけど、明日はアルバイトがあるの。

吉田良子 もしもし、小野さんのお宅ですか。

吉田と申しますが…。

小野京子 ああ、良子さん。元気？

良子 うん。武さんが、プールの招待券を持ってるの。

明日行こうと思ってるんだけど、京子さんも

いっしょに行かない？

京子 明日？

良子 うん。

京子 行きたいけど、明日はアルバイトがあるの。

良子 あら、そう。

京子 残念だけど、また今度誘って。

良子 うん、じゃ、またね。

1-37

1 親しい友達との会話1

(1) A　明日、図書館へ**行く**？
　　 B　**うん、行く。**

(2) A　昨日、テレビ**見た**？
　　 B　**ううん、見なかった。**

(3) A　そのプリント、**難しい**？
　　 B　ううん、**難しくない。**

(4) A　今夜、**暇**？
　　 B　ううん、**暇じゃない。**

(5) A　テストは**いつ**？
　　 B　**あさって。**

(6) A　昨日の試験は**どうだった**？
　　 B　英語は**簡単だった**。でも、日本語は**難しかった**。

1-38

2 親しい友達との会話2

　　　　＜男の人の会話＞　　　　　　　　　＜女の人の会話＞

(1) A　次は誰？　　　　　　　　　　(1) A　次は誰？
　　 B　**僕。**　　　　　　　　　　　　　 B　**私。**

(2) A　どうした**の**？　　　　　　　(2) A　どうした**の**？
　　 B　頭が**痛いんだ。**　　　　　　　　 B　頭が**痛いの。**

(1) A　明日、図書館へ行きますか。

B　はい、行きます。

(2) A　昨日、テレビを見ましたか。

B　いいえ、見ませんでした。

(3) A　そのプリントは難しいですか。

B　いいえ、難しくありません。

(4) A　今夜、暇ですか。

B　いいえ、暇じゃありません。

(5) A　テストはいつですか。

B　あさってです。

(6) A　昨日の試験はどうでしたか。

B　英語は簡単でした。でも、日本語は難しかったです。

(1) A　次は誰ですか。

B　私です。

(2) A　どうしたんですか。

B　頭が痛いんです。

(3) **A** ごはん食べた？

    B ううん、まだ。

    A じゃあ、食べに**行こう**。

    B うん。

(4) **A** **手伝おうか**？

    B ありがとう。

(5) **A** この本、借りてもいい？

    B うん、**いいよ**。

(6) **A** 明日、映画に行かない？

    B **いいね**。

(7) **A** テストは月曜日？

    B うん、**そうだよ**。

(8) **A** これ、おいしいね。

    B **そうだね**。

---

(3) **A** ごはん食べた？

    B ううん、まだ。

    A じゃあ、食べに**行きましょう**。

    B うん。

(4) **A** **手伝いましょうか**。

    B ありがとう。

(5) **A** この本、借りてもいい？

    B うん、**いい（わ）よ**。

(6) **A** 明日、映画に行かない？

    B **いい（わ）ね**。

(7) **A** テストは月曜日？

    B うん、**そうよ**。

(8) **A** これ、おいしい**（わ）**ね。

    B **そうね**。

3　親しい友達との会話3

(1) **A** リンさん、消しゴム**貸して**。

    B はい。

(2) **A** 良子さんはどこ？

    B 教室で**勉強してる**。

(3) 武　　良子さん、京子さんも行く？

    良子　　うん、行く**って（言ってた）**。

(4) 明日テストがあるから
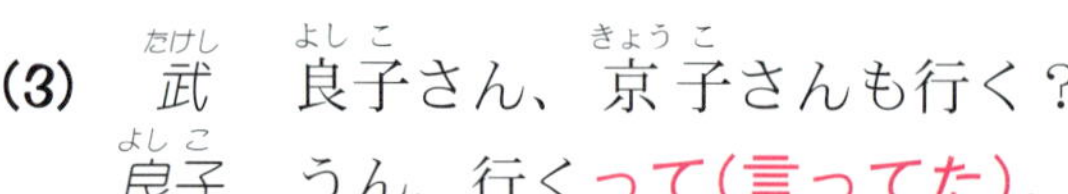

(5) ワン　キムさん、**ごめん**。CD**忘れちゃった**。

    キム　そう。じゃあ、明日、持って来て。

    ワン　うん。

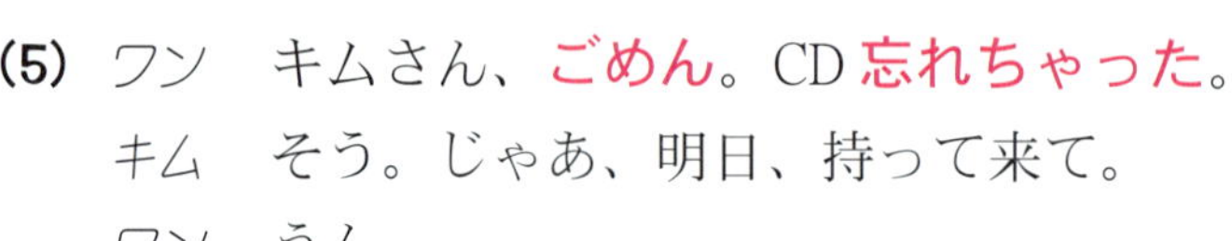

(3) *A*　ごはんを食べましたか。

　　 B　いいえ、まだです。

　　 A　じゃあ、食べに**行きましょう**。

　　 B　はい。

(4) *A*　**手伝いましょうか**。

　　 B　ありがとうございます。

(5) *A*　この本を借りてもいいですか。

　　 B　はい、**いいですよ**。

(6) *A*　明日、映画に行きませんか。

　　 B　**いいですね**。

(7) *A*　テストは月曜日ですか。

　　 B　はい、**そうですよ**。

(8) *A*　これはおいしいですね。

　　 B　**そうですね**。

(1) *A*　リンさん、消しゴムを**貸^かしてください**。

　　 B　はい。

(2) *A*　良子^{よしこ}さんはどこですか。

　　 B　教室で**勉強しています**。

(3)　武^{たけし}　良子^{よしこ}さん、京子^{きょうこ}さんも行きますか。

　　良子^{よしこ}　はい、行く**と言っていました**。

(4)　明日テストがあるから**勉強しなくてはいけません**。

(5)　ワン　キムさん、**すみません**。CD を**忘れてしまいました**。

　　キム　そうですか。じゃあ、明日、持って来てください。

　　ワン　はい。

友達が(私に)プールの招待券を くれました。

(1) 毎年お正月に、両親が(私に)お年玉をくれます。

(2) 昨日日本人の友達が(私に)日本の歌のテープをくれました。

(3) 浩二　これどうしたの？

　　母　おじさんがくれたのよ。
　　　　熱海のおみやげだって。

(4) 夫　あれっ、虫歯だ。

　　妻　そうなの。
　　　　隣のおばあちゃんがこの子に
　　　　よく甘い物をくれるから困るわ。

(5) 良子　昨日、武さんが誕生日の
　　　　プレゼントをくれたの。

　　京子　何をくれたの？

　　良子　スカーフ。

※ 母はときどきおこづかいをくれますが、父はくれません。

行きたいけど、明日はアルバイトがあるの。

(1) A　財布、あった？

　　B　ううん。捜したけど、ないんだ。

(2) A　アルンさんに電話した？

　　B　うん。したけど、いなかったの。

(3) A　ゆうべ、サッカーの試合見た？

　　B　うん。見たけど、あんまりおもしろくなかった。

　　A　そう。

(4) **A** 新しいアパートはどう？

B 家賃がちょっと高いけど、駅から近くて便利だよ。

※ 武　良子さん、明日、暇？

良子　うん。

武　映画の切符があるんだけど、見に行かない？

良子　いいわね。

a. 例のように言いましょう。　　　　　　　　　1-40

> 例　**A** テストはいつ？
>
> **B** あさって。

1. アルンさん／どこ／教室

2. 今日の晩ごはん／何／カレーライス

3. 良子さんのかばん／どれ／あの黒いの

4. 今日の日直／誰／マリーさん

5. 新しい学校／どう／楽しい

b. 例のように言いましょう。　　　　　　　　　1-41

> 例　**A** 昨日のドラマ見た？
>
> **B** うん、見た。
>
> **A** どうだった？
>
> **B** おもしろかった。

1. 今日の定食／食べる／おいしい

2. 宿題のレポート／書く／あんまり難しくない

3. 今日の宿題／やる／簡単

4. 駅前の新しいレストラン／行く／まあまあ

c. 例のように言いましょう。  1-42

> 例　**A**　どこへ行くの？
>
> **B**　売店。ジュース買いに ｛ 行くんだ。 / 行くの。

1. 郵便局／手紙／出す

2. 先生の所／作文／出す

3. 医務室／薬／もらう

4. 図書館／本／返す

5. 銀行／お金／おろす

d. 例のように言いましょう。  1-43

> 例　**A**　教科書忘れちゃったから、コピーしなくちゃ。
>
> **B**　｛ 僕の貸（か）そうか。 / 私の貸（か）しましょうか。
>
> **A**　本当？ありがとう。

1. 消しゴム／なくす／買う

2. プリント／忘れる／取りに帰る

3. ホッチキス／こわれる／買う

e. 例のように言いましょう。　1-44

例　山田　キムさん、泳ぎに行かない？
友達がプールの招待券を｛くれたんだ。
　　　　　　　　　　　　　くれたの。

キム　｛いいね。
　　　　いいわね。｝いつ行く？

山田　明日はどう？

キム　うん、｛いいよ。
　　　　　　　いいわよ。

1. 歌舞伎を見る／歌舞伎の招待券
2. 映画を見る／映画の割り引き券
3. ディスコ／ディスコの割り引き券
4. フランス料理を食べる／レストランの招待券

f. 例のように言いましょう。　1-45

例　山田　キムさん、明日、泳ぎに行かない？
キム　明日？
山田　うん。佐藤さんがプールの招待券をくれた｛んだ。
　　　　　　　　　　　　　　　　　　　　　　の。
キム　行きたいけど、明日はアルバイトがある｛んだ。
　　　　　　　　　　　　　　　　　　　　　　の。
山田　あ、そう。
キム　残念だけど、また今度誘って。

1. あさって／用事がある
2. 今度の土曜日／両親がうちへ来る
3. 放課後／約束がある
4. 今度の日曜日／旅行に行く

❖ 誰について話しているか注意して、下の絵と日本語を見てみましょう。

武さんは良子さんに
プレゼントをあげました。

良子さんは武さんに
プレゼントをもらいました。

❖ 次に下の絵と日本語を見て、いつ「くれる」を使うか考えましょう。

武さんは良子さんに
プレゼントをあげました。

良子さんは武さんに
プレゼントをもらいました。

武さんは京子さんに
プレゼントをあげました。

京子さんは武さんに
プレゼントをもらいました。

武さんは私に
プレゼントをあげました。
くれました

私は武さんに
プレゼントをもらいました。

❖「くれる」についてもう少し詳しく見てみましょう。

「自分の家族」は「私」と同じだと 考えます。

「話している相手」も「私」と同じだと 考えます。

練習問題

1 ＿＿＿にひらがなをひとつ書きなさい。

1. もしもし、小野さん＿＿＿お宅ですか。吉田＿＿＿申しますが…。

2. 昨日、武さんが誕生日＿＿＿プレゼント＿＿＿くれました。

3. 山田　明日映画を見に行かない？

　　キム　明日？ 明日＿＿＿アルバイト＿＿＿あるの。

2 次の会話を読んで、例のように○をつけなさい。

> 例　A　どうしたの？
> 　　B　頭が痛いんだ。
> 　　A　早く帰ったほうがいいわよ。　　　A：(男　（女）)
> 　　B　うん。　　　　　　　　　　　　　B：(（男）　女)

1. A　気分、悪そうね。医務室へ行ったほうがいいんじゃない？

　 B　だいじょうぶだよ。

　 A　今かぜをひいている人が多いから、
　　　気をつけたほうがいいわよ。　　　A：(男　女)

　 B　うん。じゃ、行ってみる。　　　　B：(男　女)

2. A　引っ越しの準備、終わった？

　 B　ううん、まだなんだ。

　 A　手伝いましょうか。　　　　　　　A：(男　女)

　 B　本当？ありがとう。　　　　　　　B：(男　女)

3. A 食事に行かない？

B いいわね。

A どこがいい？

B どこでもいい。

A じゃ、すしにしよう。　　　　　　　　　　A：(男　　女)

B うん。　　　　　　　　　　　　　　　　　B：(男　　女)

３ 正しいものに○をつけなさい。

1. リー　ワンさんの誕生日にいっしょに何か
- a. あげませんか。
- b. くれませんか。
- c. もらいませんか。

マリー　お財布はどうですか。

リー　ワンさんはこの前、お姉さんに財布を
- a. あげた
- b. くれた
- c. もらった

と言っていましたよ。

2. 父がお正月に1万円
- a. あげました。
- b. くれました。
- c. もらいました。

私は今までに、こんなにたくさん
- a. あげた
- b. くれた
- c. もらった

ことがなかったので、とてもうれしかったです。

3. A あら、何か買ったの？

B うん。これは友達に
- a. あげるの。
- b. くれるの。
- c. もらうの。

4. *A* ゆうべ、ドラマ見た？

B うん。見た
- a. から、
- b. けど、
- c. が、

おもしろくなかったよ。

5. *A* 映画の切符が2枚
- a. あって、
- b. あるんだけど、
- c. あるんだが、

いっしょに行かない？

B いいわね。

4 ☐ を読んで、「あげる」「くれる」「もらう」を使って書きなさい。

> マリー、リー　ワンさん、お誕生日おめでとうございます。
> これは私達からのプレゼントです。どうぞ。
> ワン　どうもありがとう。開けてみてもいいですか。
> マリー、リー　ええ。
> ワン　ああ、かわいいブローチですね。
> 本当にどうもありがとう。

1. (ワンさんの日記)

今日は19歳の誕生日だ。私はマリーさんとリーさんにかわいいブローチを
＿＿＿＿＿＿＿＿＿＿＿＿。来週の水曜日はマリーさんの誕生日だ。
私はマリーさんにコーヒーカップを＿＿＿＿＿＿＿＿＿と思っている。

2. (マリーさんの日記)

今日はワンさんの誕生日だったので、リーさんといっしょに、
ワンさんにブローチを＿＿＿＿＿＿＿＿＿

3. パク　ワンさん、かわいいブローチですね。どうしたんですか。

　　　ワン　マリーさんとリーさんが＿＿＿＿＿＿＿＿んです。

5　＿＿に適当な言葉を書きなさい。

（電話で）

良子の母　＿＿＿＿＿＿＿＿＿＿、吉田でございます。

佐藤 武　佐藤と＿＿＿＿＿＿＿＿＿が、

　　　　　良子さんを＿＿＿＿＿＿＿＿んですが。

良子の母　はい、少々＿＿＿＿＿＿＿＿＿＿

26 ふたが開^あかないんです。

自動詞^{じ どう し}と他動詞^{た どう し}

❶ ドアが開^あく（自動詞^{じ どう し}）

ドアを開^あける［他動詞^{た どう し}］

❷ ドアが閉^しまる（自動詞^{じ どう し}）

ドアを閉^しめる［他動詞^{た どう し}］

❸ 糸^{いと}が切^きれる（自動詞^{じ どう し}）

糸^{いと}を切^きる［他動詞^{た どう し}］

❹ ジュースが出^でる（自動詞^{じ どう し}）

ジュースを出^だす［他動詞^{た どう し}］

❺ りんごが落^おちる（自動詞^{じ どう し}）

りんごを落^おとす［他動詞^{た どう し}］

❻ メリーゴーランドが回^{まわ}る（自動詞^{じ どう し}）

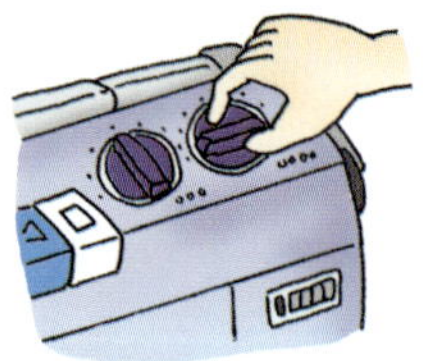

つまみを回^{まわ}す［他動詞^{た どう し}］

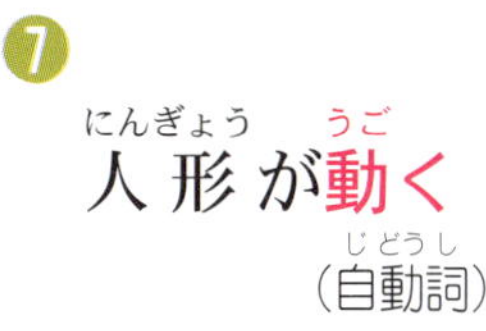

❼

人形が動く
（自動詞）

人形を動かす
［他動詞］

❽

水が止まる
（自動詞）

水を止める
［他動詞］

❾

皿が割れる
（自動詞）

皿を割る
［他動詞］

❿

電気がつく
（自動詞）

電気をつける
［他動詞］

⑪ 電気が消（き）える
（自動詞）

電気を消（け）す
［他動詞］

⑫ カメラがこわれる
（自動詞）

カメラをこわす
［他動詞］

⑬ 起（お）きる
（自動詞）

子供を起（お）こす
［他動詞］

⑭ （おふろに）入（はい）る
（自動詞）

赤ちゃんを（おふろに）入（い）れる
［他動詞］

⑮

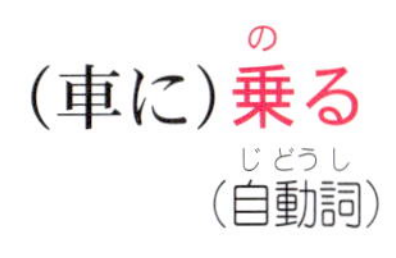

（車に）<ruby>乗<rt>の</rt></ruby>る
（<ruby>自動詞<rt>じ どうし</rt></ruby>）

<ruby>犬<rt></rt></ruby>を（車に）<ruby>乗<rt>の</rt></ruby>せる
［<ruby>他動詞<rt>た どうし</rt></ruby>］

1-46

手を<ruby>出<rt></rt></ruby>すと<ruby>自動的<rt>じ どうてき</rt></ruby>に<ruby>水<rt></rt></ruby>が<ruby>出<rt></rt></ruby>ます。

◆ 会話 1

母　<ruby>伸<rt>しん</rt></ruby>ちゃん、早かったわね。あれっ、たこは？

伸　<ruby>糸<rt>いと</rt></ruby>が<ruby>切<rt>き</rt></ruby>れて、どっかへ<ruby>行<rt></rt></ruby>っちゃったんだ…。

母　そう。

◆ 会話 2

マリー　この<ruby>水道<rt>すいどう</rt></ruby>、<ruby>回<rt>まわ</rt></ruby>したり<ruby>押<rt>お</rt></ruby>したりするものが

　　　　何もないんですけど…。

<ruby>山本<rt>やまもと</rt></ruby>　ああ、これ、手を出すと

　　　　<ruby>自動的<rt>じ どうてき</rt></ruby>に水が出るんですよ。

マリー　あ、<ruby>本当<rt></rt></ruby>だ！出ました。

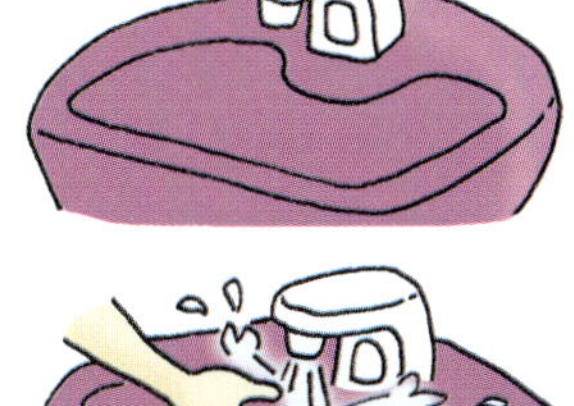

マリー　暗いですね。電気をつけましょう。

長井（ながい）　スイッチはどこですか。

マリー　あ、ありました。

（パチッ）

あれ、つきませんね。

長井（ながい）　あ、あれじゃありませんか。

（パチッ）

つきました。

おまわりさん　この車はあなたのですか。

佐藤（さとう）　はい。

おまわりさん　すぐに動（うご）かしてください。

佐藤（さとう）　すみません。故障（こしょう）して
動（うご）かないんです。

◆ 会話5

幸子　一郎さん。ちょっとびんのふたを開けて。

一郎　いいよ。

幸子　これ、良子さんにもらったジャムなんだけど、
開かないの。

一郎　貸して。

ほら、開いた。

幸子　ありがとう。

◆ 会話6

広田　もうすぐ着きますね。

山本　マリーさんを起こしましょうか。

広田　そうですね。

山本　マリーさん、マリーさん、

起きてください。

a. 例のように言いましょう。

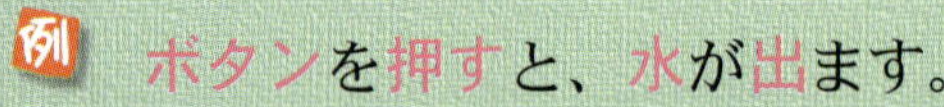

例　ボタンを押すと、水が出ます。

1. ひも／引（ひ）く／電気／つく　　　2. ドア／開ける／電気／つく

3. ボタン／押す／ドア／開（あ）く　　　4. つまみ／回（まわ）す／火／消（き）える

b. 例のように言いましょう。

1-47

例　（ホテルで）

　　　　　客　　あのう、すみません。
　ホテルの人　　はい。
　　　　　客　　洗面所の水が出ないんですが…。
　ホテルの人　　わかりました。すぐ伺います。

1. ベッドの横の電気／つく

2. 自動販売機のおつり／出る

3. シャワーのお湯／出る

4. テレビ／つく

5. 窓／開く

c. 例のように言いましょう。

1-48

例　**A** どうしたんですか。

B びんのふたが開かないんです。

A ちょっといいですか。

　　はい、開きましたよ。

B ありがとうございます。

1. 窓／閉まる

2. ライター／つく

3. テープ／入る

<ruby>電源<rt>でんげん</rt></ruby>を入れてもつかないんです。

（<ruby>電気店<rt>でんきてん</rt></ruby>で）

ワン　あのう、すみません。
これ、<ruby>電源<rt>でんげん</rt></ruby>を入れてもつかないんですが、<ruby>故障<rt>こしょう</rt></ruby>でしょうか。

店員　ええと…。
<ruby>最近<rt>さいきん</rt></ruby>、<ruby>電池<rt>でんち</rt></ruby>の<ruby>交換<rt>こうかん</rt></ruby>をしましたか。

ワン　いいえ。

店員　じゃあ、たぶん<ruby>故障<rt>こしょう</rt></ruby>したんじゃなくて、
<ruby>電池<rt>でんち</rt></ruby>がなくなったんだと思います。
<ruby>交換<rt>こうかん</rt></ruby>のし方はわかりますか。

ワン　いいえ。

店員　まず、このふたを開けます。

ワン　私がやってみてもいいですか。

店員　どうぞ。

ワン　あれ？<ruby>開<rt>あ</rt></ruby>かないんですが…。

店員　もっと強く下に押してください。

ワン　あ、<ruby>開<rt>あ</rt></ruby>きました。

店員　古い<ruby>電池<rt>でんち</rt></ruby>を出してください。

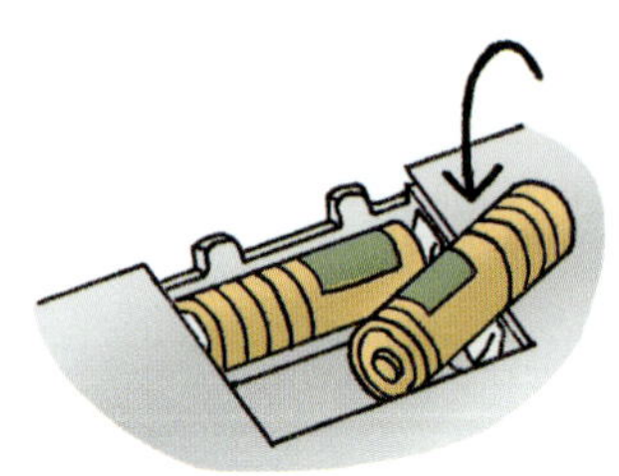

ワン　はい。

店員　じゃあ、新しい電池（でんち）を入れて、ふたをしてください。

ワン　電池（でんち）が入らないんですが…。

店員　方向（ほうこう）が反対（はんたい）です。

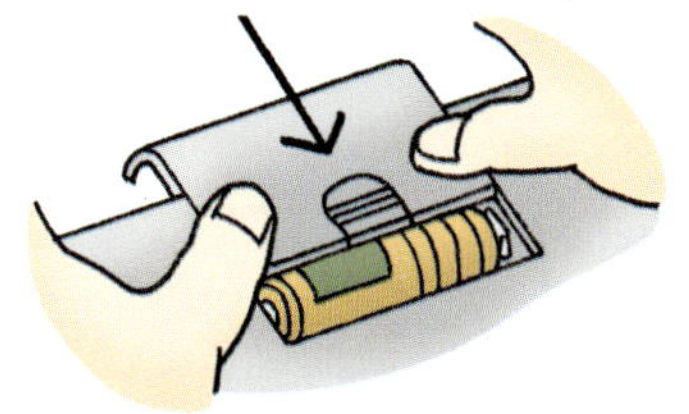

　　　方向（ほうこう）を間違（まちが）えるとこわれることが

　　　ありますから、気をつけてください。

ワン　はい。今度は入りました。

店員　では、ふたをして電源（でんげん）を入れてみてください。

ワン　あ、つきました。ありがとうございました。

文型 → sentence pattern

1 電源（でんげん）を入れ**ても**つかないんです。

(1) ボタンを押しても切符が出ない時は、駅員に連絡してください。

(2)（食器売場（しょっきうりば）で）

　　　店員　このコップは落としても割（わ）れませんから、安全ですよ。

※ 私は夜遅く寝ても、次の朝、早く起きられます。

2 故障（こしょう）した**んじゃなくて、／のではなくて、**電池（でんち）がなくなったんです。

(1) 子供　おじさんがくれたお中元、開けて食べてもいい？

　　　母　それはお菓子じゃなくて、せっけんよ。

(2) アルン　この薬はいつ飲むんですか。

看護婦　その薬は飲むんじゃなくて、つけるんです。

(3) A　そのプレゼントは誰にもらったんですか。

B　これはもらったんじゃなくて、これから友達にあげるんです。

3　電池の方向を間違えると、こわれることがあります。

(1) ガラスのコップに急に熱い物を入れると、割れることがあります。

(2) 電気製品を温度の高い所に置くと、故障することがあります。

(3)（薬屋で）

店員　この薬を飲むと眠くなることがありますから、

車の運転をしないでください。

客　はい。

d. 例のように言いましょう。

1-50

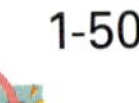

例　A　そのケーキはどこで買ったんですか。

B　このケーキは買ったんじゃなくて、作ったんです。

1. かばん／どこで買った／友達にもらった

2. 指輪／誰にもらった／自分で買った

3. お弁当／自分で作った／買った

練習問題

1 ＿＿＿にひらがなをひとつ書（か）きなさい。

1. ドア＿＿＿開（あ）けると、電気（でんき）＿＿＿つきます。

2. A　どうしたんですか。
   B　窓（まど）＿＿＿閉（し）まらないんです。

3. 母（はは）　伸（しん）ちゃん、たこは？
   伸（しん）　糸（いと）＿＿＿切（き）れて、どこかへ行（い）っちゃったんだ。

4. 山本（やまもと）　もうすぐ着（つ）きますね。
   広田（ひろた）　そうですね。マリーさん＿＿＿起（お）こしましょう。

5. ガラスのコップ＿＿＿急（きゅう）に熱（あつ）い物（もの）＿＿＿入（い）れると割（わ）れること＿＿＿あります。

2 例（れい）のように＿＿＿の動詞（どうし）の辞書形（じしょけい）を（　　）の中（なか）に書（か）いて、自動詞（じどうし）か他動詞（たどうし）かを書（か）きなさい。

> **例** りんごが＿＿落（お）ちます＿＿。
> 　　　（落（お）ちる・自（じ））

1. 駅（えき）のアナウンス　ドアが＿＿閉（し）まります＿＿。ご注意（ちゅうい）ください。
   　　　　　　　　　（　　　・　　）

2. お金（かね）を＿＿入（い）れて＿＿ボタンを＿＿押（お）す＿＿と、切符（きっぷ）が＿＿出（で）ます＿＿。
   　　　（　　　・　）　（　　　・　）　　（　　　・　）

3. 料理の先生　では、次にこの肉を小さく＿＿切って＿＿ください。

（　　　・　）

アシスタント　はい。

4. A　窓が＿＿開かない＿＿んですが…。

（　　　・　）

B　ちょっといいですか。

はい、＿＿開きました＿＿よ。

（　　　・　）

5. すみません、お皿を＿＿割って＿＿しまったんです。

（　　　・　）

3 例のように自動詞か他動詞を選んで正しい形にして＿＿に書きなさい。

> 例　ボタンを押すと、ジュースが＿＿出＿＿ます。
> （出る／出す）

1. 朝、おふろに＿＿＿＿＿＿＿＿＿＿はいけません。
（入る／入れる）

2. そのつまみを右に＿＿＿＿＿＿＿＿＿ください。
（回る／回す）

3. A　暗いですね。電気を＿＿＿＿＿＿＿ましょうか。
（つく／つける）

B　ええ。

4. A　このおもちゃ、ぜんぜん＿＿＿＿＿＿＿んです。
（動く／動かす）

B　そうですか。故障かもしれませんね。

5. 寒いので窓を＿＿＿＿＿＿＿＿たいんですが、＿＿＿＿＿＿＿＿ないんです。

（閉まる／閉める）　　　　　　　　（閉まる／閉める）

6. 私は毎朝6時に＿＿＿＿＿＿＿＿て、妹を＿＿＿＿＿＿＿＿ます。

（起きる／起こす）　　　　　　　　（起きる／起こす）

4　＿＿に適当な言葉を書きなさい。

1. 冷蔵庫のドアを＿＿＿＿＿＿＿＿と、
中の電気が＿＿＿＿＿＿＿＿

2. （ホテルで）

客　あのう、すみません。

シャワーの水が＿＿＿＿＿＿＿＿

んですが…。

ホテルの人　わかりました。すぐ伺います。

3. （L.L. 教室で）

先生　みなさん、テープを入れてください。

・

学生　先生、テープが＿＿＿＿＿＿＿＿んです。

5 正しいものに○をつけなさい。

1. （食器売場で）

店員　このコップは、急に熱いお湯を入れても
- a. 割れます。
- b. 割れません。
- c. 割れました。

2. ボタンを
- a. 押すと
- b. 押した
- c. 押しても

切符が出ない時は、駅員を呼んでください。

3. 温度が高い所にテープレコーダーを置くと、
- a. こわれる
- b. こわれない
- c. こわれた

ことがあります。

4. （薬屋で）

店員　この薬は
- a. 眠い
- b. 眠くなって
- c. 眠くなる

ことがあります。

車の運転をしないでください。

6 例のように書きなさい。

> 例　A　これはお菓子ですか。（せっけん）
> 　　B　いいえ、それは　お菓子じゃなくてせっけんです。

1. A　パーティーは土曜日ですか。（日曜日）

　　B　いいえ、＿＿＿＿＿＿＿＿＿＿＿＿＿＿＿＿＿＿＿＿＿

2. *A* マリーさんは中国人ですか。（タイ人）

    B いいえ、＿＿＿＿＿＿＿＿＿＿＿＿＿＿＿＿＿＿＿＿＿＿

3. *A* このおすしは、どこで買ったんですか。（自分で作る）

    B これは、＿＿＿＿＿＿＿＿＿＿＿＿＿＿＿＿＿＿＿＿＿＿

7 正しいものに○をつけなさい。

店員　まず、このふたを　a. 開きます。 / b. 開けます。

ワン　私がやってみてもいいですか。

店員　どうぞ。

ワン　あれ、　a. 開かないんですが…。 / b. 開けないんですが…。

店員　もっと強く下に押してください。

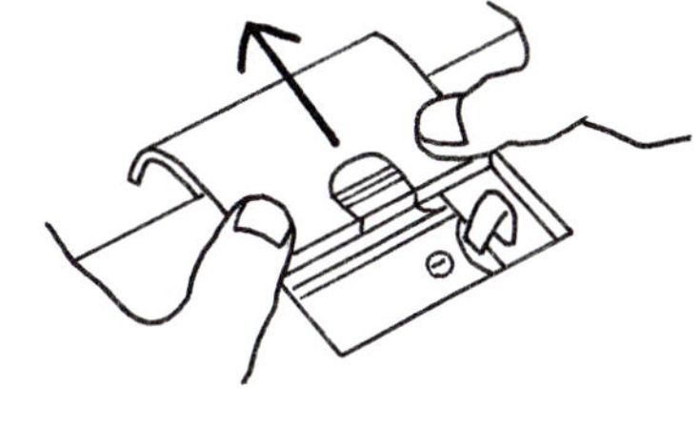

ワン　あ、　a. 開きました。 / b. 開けました。

店員　古い電池を　a. 出てください。 / b. 出してください。

ワン　はい。

店員　じゃあ、新しい電池を　a. 入って、 / b. 入れて、　ふたをしてください。

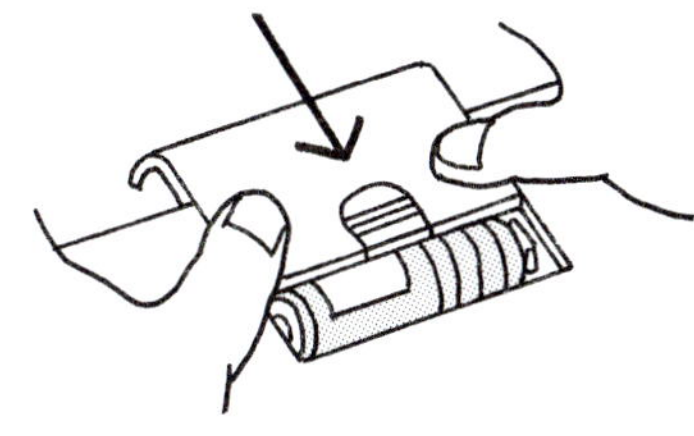

27 引っ越し

 2-01

エアコンもついています。

（東中野のアパートで）

不動産屋　ここです。どうぞ。

　　　　　少し古いですが、

　　　　　明るくていい部屋でしょう。

　　　　　エアコンもついていますよ。

西条敬子　ええ。でも、壁が少し汚れていますね。

不動産屋　ああ、これはふけば

　　　　　きれいになると思います。

敬子　　　この窓は南向きですか。

不動産屋　いいえ、東向きです。

　　　　　ちょっと開けてみましょう。

敬子　　　あっ、かぎがこわれていますね。

不動産屋　これはすぐ大家さんに言います。

不動産屋　こちらが台所です。

けい こ
敬子　　思ったより広いですね。

不動産屋　そうでしょう。

これで8万円は安いと思いますよ。

どうしますか。

けい こ
敬子　　じゃ、ここに決めます。

不動産屋　わかりました。

それでは、手続きをしますから、

じ む しょ
もう一度事務所へ来てください。

文型 → sentence pattern

かべ　よご
壁が汚れています。

(1) A　あっ、ガラスが割れていますよ。
　　あぶ
　　B　危ないですね。

(2)（ホテルで）

　　客　すみません。

　　洗面所のパイプがつまっているので、
　　しゅう り　　　ねが
　　修理をお願いしたいんですが…。

　ホテルの人　はい。今すぐ伺います。

(3) （レストランで）

客　すみません。

テーブルがぬれているので、

ふいてください。

ウエートレス　はい。どうもすみません。

(4) 良子　あ、ここ、ボタンが取れてるわよ。

京子　えっ。知らなかったわ。

どうもありがとう。

a. 例のように言いましょう。

2-02

　A　いい部屋でしょう。

　　B　本当にいい部屋ですね。

1. かわいい

2. きれい

3. 大きい

4. いい店

5. おいしそう

b. 絵を見て例のように言いましょう。

2-03

> 例
>
> 客　8万円ぐらいで、エアコンがついている部屋が
> いいんですが…。
> 不動産屋　じゃあ、この東中野（ひがしなかの）の部屋はどうですか。
> 客　ああ、これはよさそうですね。

1. 6万円／おふろ

2. 8万円／ベランダ

3. 9万円／ベランダと押（お）し入（い）れ

4. 4万円／広い押（お）し入（い）れ

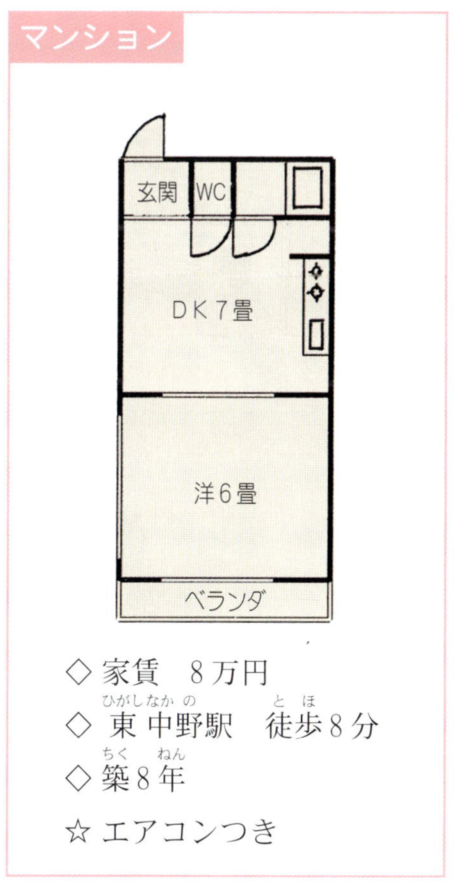

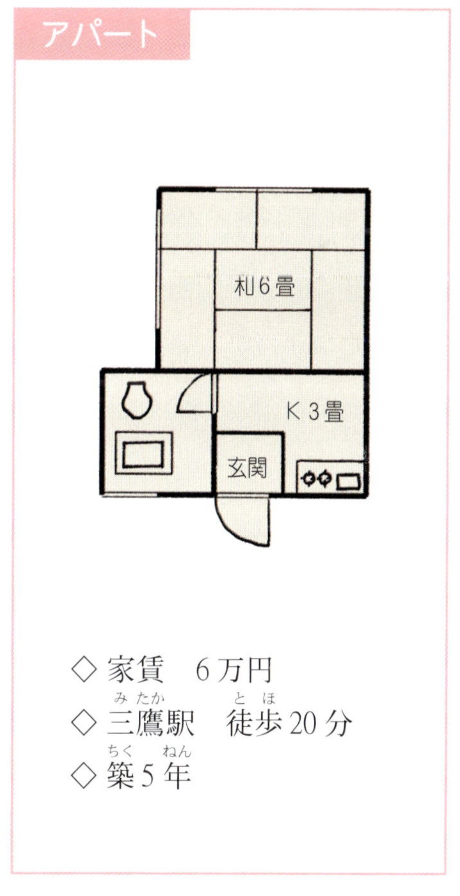

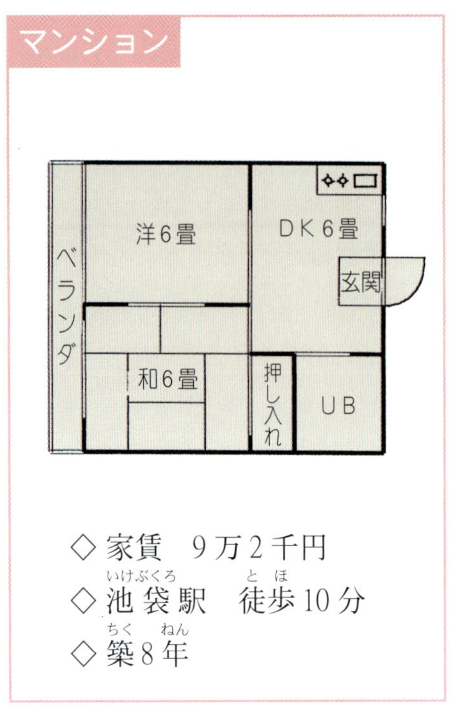

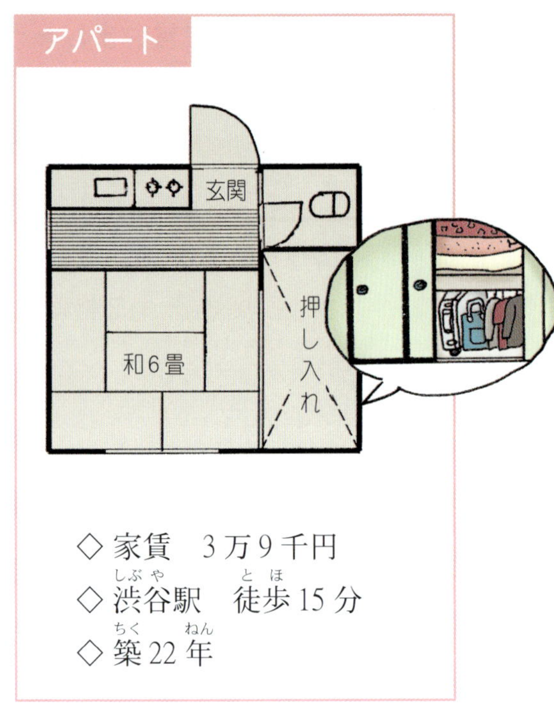

c. 絵を見て例のように言いましょう。

1. 床／ぬれる／
　　気をつける

2. スイッチ／こわれる／
　　さわらない

3. パイプ／つまる／
　　使わない

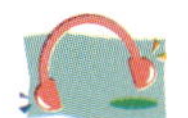

引っ越し準備

引っ越しの前にしておくこと

1. 新聞紙や段ボール箱を集めておきます。

2. 引っ越しの日を決めて、引っ越し会社に連絡します。

荷作り

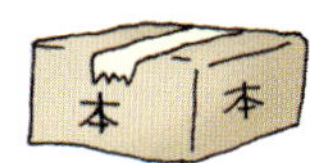

1. 後ですぐわかるように、中に入れた物の名前を
段ボール箱に書いておきます。

2. 食器などは、割れないように、
ひとつずつ新聞紙で包んでおきます。

3. 引っ越しの後ですぐ使う物は、ひとつの箱に
入れておくと便利です。

手続き

1. 電気、ガス、水道、電話などの営業所に、
引っ越しの連絡をします。

2. 役所に、転出届と転入届を提出します。
外国人の場合は、新しい住所の役所に
外国人登録証を持って行って、
住所変更をします。

3. 郵便局に転居届を出します。

転　居　届			
Change of Address Notice			
届出年月日 Date	平成 _11_ 年 Heisei　Yr.	_10_ 月 Mo.	_1_ 日 Day
新住所(居所) New Address	郵便番号 _164-0032_　Postal Code 中野区東中野4-17-1　富士見ハイツ201号室		
旧住所(居所) Old Address	郵便番号 _182-0923_　Postal Code 調布市下石原1-30-2　春日明方		
世帯主名又は事業所名 Name of House-holder/Company	西条敬子		商号屋号等
転居の内容 Details	ⓐ世帯の全部 Entire Household	b.世帯の一部 Part of Household	
転居者の氏名 Names of Persons Concerned	西条敬子		
郵便物の転送の開始を希望する年月日 Date for Start of Mail Delivery at New Address.	平成_10_年_10_月_15_日 Heisei　Yr.　Mo.　Day		
届出人氏名印 Signature	西条敬子　㊞		

備　考：「転居の内容」欄は、a.世帯の全部　b.世帯の一部のうち
該当する符号のいずれかを「○」で囲んでください。
Remarks：Uuder "Details," circle a. Entire Household or b. Part
of Household, whichever is appropriate.

2 段_{だん}ボール箱_{ばこ}を集_{あつ}めておきます。

(1) **A** どこかへ行くんですか。

B ええ、夏休みに旅行に行くので、新幹線の切符を
買いに行くんです。

A 早いですね。

B 8月は旅行する人が多いから、今から予約しておくんです。

(2) **A** 食事はどうしましょうか。

B 映画は6時から9時までだから、先に軽く食べておきませんか。

A それがいいですね。

(3) (会社で、昼休みに)

長井_{ながい}　午後の会議_{かいぎ}の場所_{ばしょ}はどこですか。

課長_{かちょう}　3階の大会議室_{だいかいぎしつ}です。

長井_{ながい}　では、エアコンをつけておきましょうか。

課長_{かちょう}　お願_{ねが}いします。

(4) (団体旅行のバスの中で)

添乗員　みなさん、ここで15分休憩します。
ここを出発した後、下田_{しもだ}に着くまで休憩はありませんので、
ここでお手洗いに行っておいてください。

3 食器は、割れない**ように**、新聞紙で包んでおきます。

(1) たんすを運ぶ時は、引き出しが開かないように、
　　ガムテープをはっておきます。

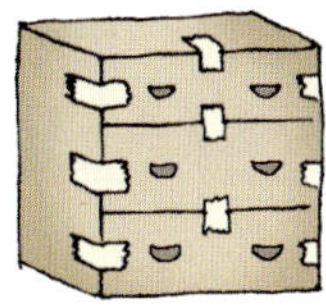

(2) 料理をする時は、服が汚れないように、エプロンをします。

(3) 私はいつも、朝すぐ学校へ行けるように、前の日に授業の準備をして
　　おきます。

(4)（教室で）
　　先生　明日持って来る物を言いますから、忘れないように
　　　　　メモしてください。

d. 例のように言いましょう。

2-05

例
A　もうお弁当を買いましたか。
B　いいえ、まだです。
A　向こうにはあまり店がないから、
　　買っておいたほうがいいですよ。
B　じゃあ、そうします。

1. ホテル／予約する／夏休みは込む

2. お金／おろす／連休の間は銀行が休みだ

3. 明日の準備／する／朝早く出発する

中身を入れたまま運ぶと危ないです。

引っ越し
会社の社員　こんにちは。長谷川引っ越しサービスです。

敬子　よろしくお願いします。

社員　始めてもいいですか。

敬子　はい。こちらからお願いします。

社員　あっ、このたんすの中には

何か入っていますよ。

敬子　あれっ、そうですか。

社員　中身を入れたまま運ぶと危ないですよ。

敬子　すみません。すぐ出しますから、

ちょっと待ってください。

社員　はい。段ボール箱はありますか。

敬子　はい。

敬子　すみません。これ、重くて持てないんですが…。

社員　それはこちらで運びますので、置いといてください。

敬子　はい。

4 中身を入れたまま運ぶと危ないです。

(1) **A** 目が赤いですね。

　　 B 昨日、コンタクトレンズをしたまま寝てしまったんです。

(2) 日本では、靴をはいたままうちに上がってはいけません。

(3) ズボンのポケットにお金を入れたまま洗濯してしまいました。

5 重くて持てません。

(1) （レストランで）

　　 A そのスパゲッティ、
　　　　 おいしくないんですか。

　　 B いいえ、おいしいんですが、
　　　　 量が多くて食べられないんです。

(2) **A** テストはどうでしたか。

　　 B 難しくてぜんぜんできませんでした。

(3) 先生　　どうして遅刻したんですか。

　　 学生　　朝、頭が痛くて起きられなかったんです。

e. 例のように言いましょう。

 **例**

A あっ！

B どうしたんですか。

A 電気をつけたまま、来てしまったんです。

1. 窓を開ける

2. ガスをつける

3. エアコンをつける

練習問題

1 ___にひらがなをひとつ書きなさい。

1. 新しい教科書___自分の名前___書きました。

2. 引っ越しの前に段ボール箱___集めておきます。

3. 壁___汚れています。

4. スカート___ポケット___お金___入れたまま洗濯してしまいました。

5. 役所___転出届___転入届___提出します。

2 絵を見て下の　　　の中から適当な言葉を選んで記号を書きなさい。

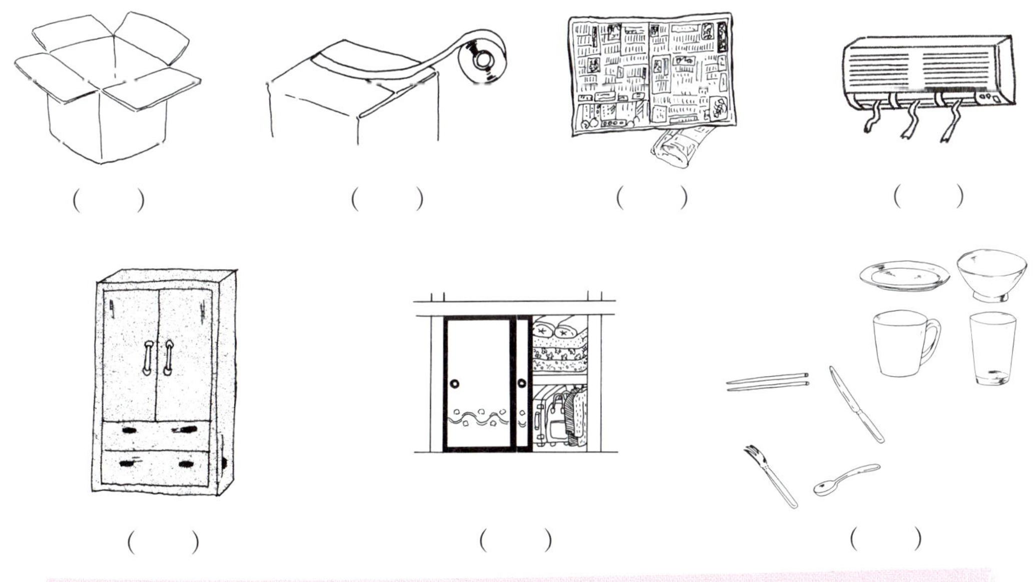

（　　）　　（　　）　　（　　）　　（　　）

（　　）　　（　　）　　（　　）

a. 段ボール箱　　b. ガムテープ　　c. 新聞紙　　d. 食器
e. 押し入れ　　f. たんす　　g. エアコン

3 絵を見て例のように書きなさい。

例　＿＿＿ガラスが割れている＿＿＿ので気をつけてください。

1. ＿＿＿＿＿＿＿＿＿＿＿＿＿＿＿ので気をつけてください。

2. ＿＿＿＿＿＿＿＿＿＿＿＿＿＿＿ので使わないでください。

3. その自転車は＿＿＿＿＿＿＿＿＿＿＿＿ので
乗らないでください。

4 「〜ておく」を使って書きなさい。

1. 人のうちを訪問する時は、あらかじめ＿＿＿＿＿＿＿＿＿＿＿ます。

2. 引っ越しの時は、後ですぐわかるように、中に入れた物の名前を
段ボール箱に＿＿＿＿＿＿＿＿＿＿＿ましょう。

3. 先生　明日の１時間目に、「私の家族」について作文を書きます。
　　　　すぐに書けるように、書くことを＿＿＿＿＿＿＿＿＿＿＿ください。

5 正しいものに○をつけなさい。

1. 引き出しが
   - a. 開けない
   - b. 開く
   - c. 開かない

   ようにガムテープをはっておきます。

2. 朝、すぐ学校へ
   - a. 行く
   - b. 行ける
   - c. 行かない

   ように前の日に準備をしておきます。

3. この本は知らない漢字が多くて
   - a. 読みません。
   - b. 読めません。
   - c. 読まなくてもいいです。

4. あっ、リンさん、ブラウスのボタンが
   - a. 取っていますよ。
   - b. 取っておきますよ。
   - c. 取れていますよ。

6 例のように「〜まま」を使って書きなさい。

例　___窓を開けたまま___外出してしまいました。

1. 電気を__________________________
   学校へ来てしまいました。

2. コンタクトレンズを＿＿＿＿＿＿＿＿＿＿

　　寝_ねてしまいました。

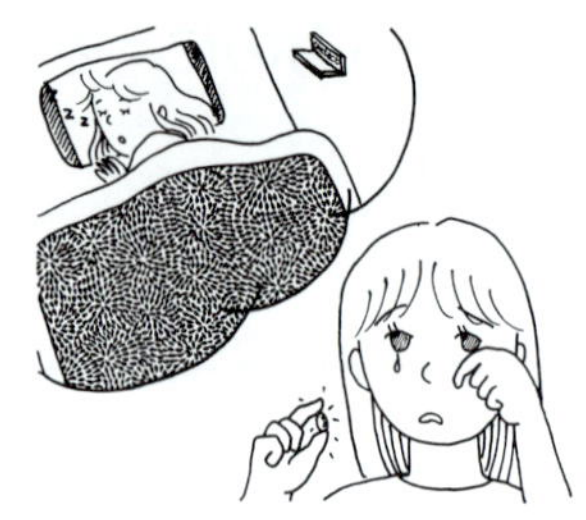

3. めがねを＿＿＿＿＿＿＿＿＿＿＿＿＿＿

　　おふろに入_{はい}ってしまいました。

7 本文_{ほんぶん}2を読_よんで、正_{ただ}しいものには○、正_{ただ}しくないものには×をつけなさい。

1. （　　）引_ひっ越_こしの日_ひに、新聞紙_{しんぶんし}や段_{だん}ボール箱_{ばこ}を集_{あつ}めます。

2. （　　）食器_{しょっき}などは、割_われないように、新聞紙_{しんぶんし}で包_{つつ}んでおきます。

3. （　　）後_{あと}ですぐわかるように、包_{つつ}んだものの名前_{なまえ}を新聞紙_{しんぶんし}に

　　　　書_かいておきます。

4. （　　）電気_{でんき}、ガス、水道_{すいどう}、電話_{でんわ}などの営業所_{えいぎょうしょ}に引_ひっ越_こしの連絡_{れんらく}をします。

5. （　　）郵便局_{ゆうびんきょく}に転出届_{てんしゅつとどけ}を出_だします。

28 送ってくれてありがとう。

 2-08

武 さんが送ってくれました。

良子　今日はとても楽しかったわ。送ってくれてどうもありがとう。

武　遅くなってしまったね。

良子　だいじょうぶよ。今朝、うちを出る時、

　　　遅くなるって言っておいたから。

武　じゃ、また来週。

良子　おやすみなさい。

武　おやすみ。

良子　ただいま。

母　おかえりなさい。ずいぶん遅かったのね。

　　武 さんに送ってもらったの？

良子　ええ。今日はディズニーランドへ行って、そのあと六本木で

　　　夕食をごちそうしてもらったの。

母　まあ。武 さんはいつも良子にごちそうしてくれるのね。

> 母　誰がこの写真を撮って**くれた**の？
> 武　京子さんが撮って**くれた**んだ。

私に〜てくれる

　　武さんが（私**に**）コンピューターの使い方を教えてくれました。

私を〜てくれる

　　武さんが（私**を**）送ってくれました。

私の〜を〜てくれる

　　武さんが（私**の**）英語の宿題**を**みてくれました。

(1)　（学生会館で）

　　チン　アルンさん、国から手紙だよ。

　　アルン　どうもありがとう。あ、妹からだ。妹はよく手紙を書いて
　　　　　　くれるんだ。

(2)　リー　ワンさん、そのネックレス、すてきね。

　　ワン　これは香港の姉が送ってくれたの。

　　リー　そのイヤリングもそうなの？

　　ワン　ええ。

　　リー　お姉さんは、よくワンさんにいろいろな物を送ってくれるのね。

(3)　先生　ホームステイはどうでしたか。

　　アルン　ホストファミリーがいろいろな所へ連れて行ってくれたので、
　　　　　　本当に楽しかったです。

（4）**A** ただいま。

B おかえりなさい。

おばあちゃん、その荷物、重くて大変だったでしょう？

A いいえ、だいじょうぶでしたよ。

隣の宏ちゃんが、バス停から家の前まで

荷物を持ってくれたから。

2

母　誰に送っ**てもらった**の？

良子　武さんに送っ**てもらった**の。

〜に〜てもらう

（私は）武さん**に**送ってもらいました。

（1）京子　私はパクさんに韓国料理の作り方を教えてもらいました。

（2）ワン　わあ、きれいな着物ですね。買ったんですか。

リー　いいえ、日本人の友達に貸して

もらったんです。

（3）長井　仕事は終わりましたか。

山本　はい、広田さんに手伝ってもらったので、

もう全部終わりました。

(4) 広田　木村さんが来月結婚するそうですよ。

　　林　　そうですか。どんな人と結婚するんですか。

　　広田　私もよく知らないんですよ。大学の先輩に紹介してもらった

　　　　　人だそうですよ。

(1) うちを出る時、私は母に今日は遅くなると言いました。

(2) 武さんのうちへ行った時、CDを借りました。

(1) 最後に帰る人は、教室を出る時、電気を消してください。

(2) ディズニーランドへ行く時、東京駅でフィルムを買いました。

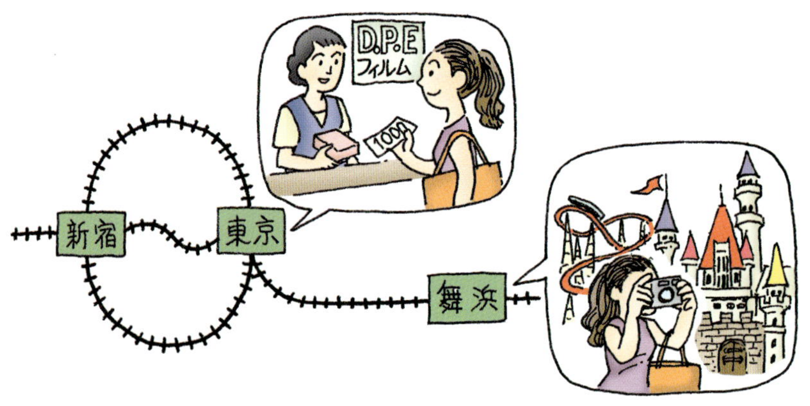

(3) ディズニーランドへ行った時、写真をたくさん撮りました。

(4) 今度の冬休みに国へ帰った時、友達に会うつもりです。

a. 例のように言いましょう。

2-09

> 例
> **A** この前は<ruby>前<rt>まえ</rt></ruby>はお見舞いに来てくれてありがとう。
> **B** いいえ。もうよくなった？
> **A** ええ。本当にどうもありがとう。

1. 車で送る／門限に間に合う

2. 引っ越しを手伝う／もう全部<ruby>片付<rt>かた づ</rt></ruby>く

3. パーティーに<ruby>招待<rt>しょうたい</rt></ruby>する／楽しい

b. 例のように言いましょう。

2-10

> 例
> **A** 着物の着方がわからないんですが。
> **B** ああ、じゃあ、<ruby>幸子<rt>さち こ</rt></ruby>さんに
> 教えてもらうといいですよ。

1. タイ料理の作り方を知りたい／マリーさん／教える

2. うちで会話の練習をしたい／先生／テープを貸す

3. <ruby>区役所<rt>く やくしょ</rt></ruby>への行き方がわからない／学生会館の先生／<ruby>地図<rt>ち ず</rt></ruby>をかく

2-11

武さんにセーターを編んであげるつもりです。

母 良子、お礼に、今度武さんをうちに呼んで、いっしょに
食事をしましょうよ。

良子 そうね。それに、もうすぐ武さんのお誕生日だから、
セーターを編んであげようかな。

弟 お姉ちゃんはマフラーしか編んだことがないじゃない。

良子 まあ、失礼ね。

4　武さんにセーターを編んであげるつもりです。

(1) 母　お帰りなさい。遅かったじゃない。
　　　京子さんといっしょだったの？
　　健　うん。京子さんをうちまで送ってあげたんだ。

(2) 良子　おいしそうな料理ですね。
　　　　タイのガイドブックですか。

アルン　ええ。日本人の友達がタイへ旅行に行くので、
　　　　おいしいレストランを教えてあげようと思って
　　　　いるんです。

(3)　(ボビーさんの日記)
　　　今日、私は良子さんの英語の宿題を手伝ってあげた。

(4)　(学生会館で)
　　　ボビー　チンさんは？
　　　アルン　さっき出かけましたよ。
　　　　　　　台湾の友達をディズニーランドへ
　　　　　　　連れて行ってあげると言っていましたよ。

5　マフラー**しか**編めません。

(1)　*A*　漢字が書けますか。
　　　B　いいえ、ひらがなしか書けません。

(2)　*A*　わあ、すてきなセーター。
　　　B　本当ね。
　　　A　でも、1万円しかないから買えないわ。

(3)　　弟　　ロックのコンサートの招待券が3枚あるから、
　　　　　　武さんといっしょに行かない？
　　　良子　私は行きたいけど、武さんはクラシック音楽しか
　　　　　　聞かないから…。

(4)　　客　　これの赤はありますか。
　　　店員　すみません。その色しかないんです。

あの店、覚えてる？

母　六本木のどこで食事をしたの？

良子　銀河亭っていう古くてすてきなレストランよ。

母　あら、銀河亭？ 知っているわ。昔 お父さんによく連れて行ってもらったのよ。

ねえ、お父さん、あの店、覚えてる？

父　うんうん、あそこへはよく行ったなあ。

あのころあの店は人気があって、いつも込んでいたね。

良子　今日も満員だったわ。

弟　僕もその店へ行ってみたいなあ。どんな所なの、そこ。

父　そこはね、最近のレストランとは少し違うんだよ。クラシックな感じなんだ。

弟　へえ。今度、僕も連れて行ってよ。

文型 → sentence pattern

6

(1) 良子 明日、銀河亭で待ち合わせをしましょう。
京子 その店はどこにあるんですか。

(2) 良子 明日、新宿駅の東口で待ち合わせをしましょう。
京子 あそこは人が多すぎるから、別の所にしましょう。

(1) アルン トムヤムクンを食べたことがありますか。
京子 いいえ。それはどんな食べ物ですか。
アルン とても辛いタイのスープです。

(2) 一郎 昨日、国会図書館へ行って来ました。
リン その図書館はどこにあるんですか。
一郎 国会議事堂へ行ったことがありますか。
リン ええ。あそこの近くですか。
一郎 そうです。あそこから歩いて2、3分ですよ。

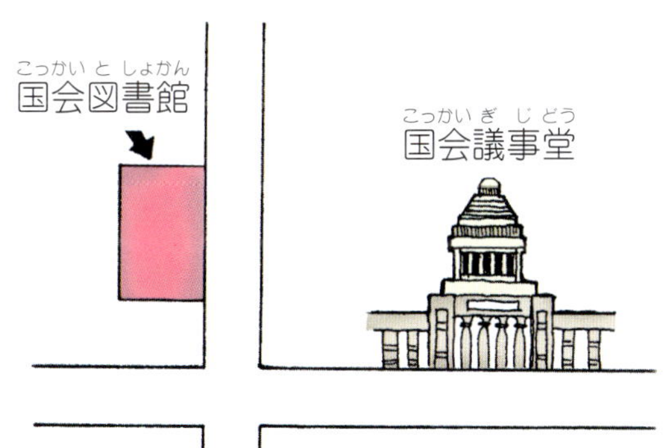

練習問題

1 ＿＿にひらがなをひとつ書きなさい。

1. 友達が 私＿＿日本の歌を教えてくれました。

2. 武さんが 私＿＿うちまで送ってくれました。

（私は武さん＿＿送ってもらいました。）

3. 宏ちゃんはおばあさん＿＿荷物を持ってあげました。

（おばあさんは宏ちゃん＿＿荷物を持ってもらいました。）

2 「〜てあげる」「〜てくれる」「〜てもらう」を使って、＿＿に適当な言葉を書きなさい。

1. 武　昨日、良子さんとデートをしました。

　　遅くなったので、私は良子さんを車で

　　＿＿＿＿＿＿＿＿＿＿＿＿＿＿＿＿＿

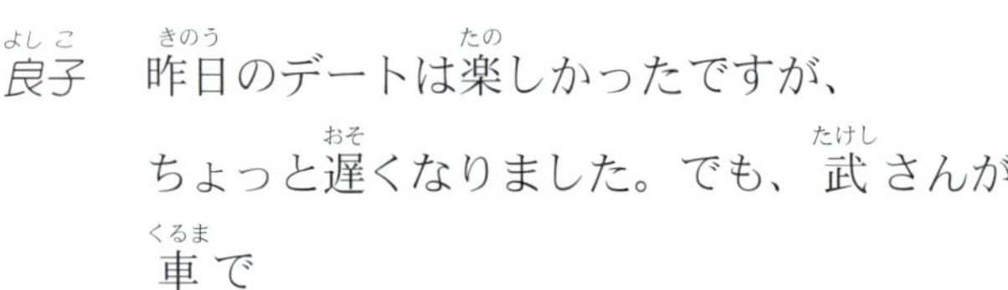

　　良子　昨日のデートは楽しかったですが、

　　ちょっと遅くなりました。でも、武さんが

　　車で＿＿＿＿＿＿＿＿＿＿＿＿＿＿＿

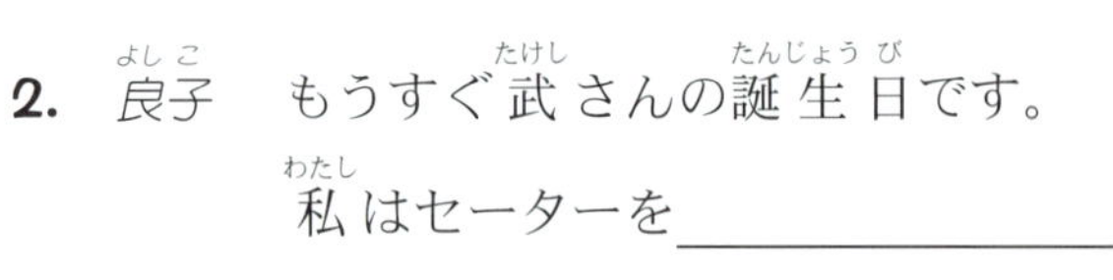

2. 良子　もうすぐ武さんの誕生日です。

　　私はセーターを＿＿＿＿＿＿＿＿＿＿

　　つもりです。

　　武　もうすぐ僕の誕生日です。たぶん、

　　良子さんがセーターを＿＿＿＿＿＿＿＿

　　だろうと思います。

3. 武さんの友達　この写真、とてもいいね。

武　そう？ これはこの前上野へ行った時、

京子さんが＿＿＿＿＿＿＿＿んだ。

4. 子供が迷子になってしまったので、

お店の人に頼んで＿＿＿＿＿＿＿＿＿ました。

5. 私は日本料理を習いたいと思っています。

夏休みに日本人の友達に＿＿＿＿＿＿＿＿

つもりです。

3 ＿＿＿に適当な言葉を書きなさい。

1. 客　これのLサイズはありますか。

店員　すみません。＿＿＿＿＿＿＿＿＿＿＿しかないんです。

2. 学校の勉強があるから、＿＿＿＿＿＿＿＿＿＿しかアルバイトが

できません。

 正しい言葉を選んで記号に〇をつけなさい。

1. A どこでお昼ごはんを食べましょうか。
   B 学校の食堂はどうでしょうか。

   A { a.そこ / b.あそこ } は人が多いから、外の店へ行きませんか。

2. A 田中さんは本当に親切な人ですね。

   B そうですね。私も { a.その人 / b.あの人 } はいい人だと思いますよ。

3. ワン いつも隣の部屋の人が宿題を手伝ってくれるんです。

   チン そうですか。{ a.その人 / b.あの人 } は日本人ですか。

   ワン いいえ。

4. A キンカンを食べたことがありますか。　　　　　　　＊キンカン

   B いいえ。{ a.それ / b.あれ } は日本料理ですか。

   A いいえ。果物です。

5. 今朝、学校へ { a.来る / b.来た } 時、新宿駅で先生に会いました。

6. 今朝、学校へ { a.来る / b.来た } 時、教室には誰もいませんでした。

7. A 進路について、もうご両親と相談しましたか。

   B いいえ、まだです。

   A じゃ、夏休みに国へ { a.帰る / b.帰った } 時、よく相談してください。

5 ▢ の中から適当な言葉を選んで＿＿に書きなさい。同じ言葉を何回使ってもいいです。

母　六本木のどこで食事をしたの？

良子　銀河亭っていう古くてすてきなレストランよ。

母　あら、銀河亭？知っているわ。昔 お父さんによく連れて行って

　　もらったのよ。

　　ねえ、お父さん、＿＿＿＿＿＿店、覚えてる？

父　うんうん、＿＿＿＿＿＿へはよく行ったなあ。

　　＿＿＿＿＿＿ころ＿＿＿＿＿＿店は人気があって、いつも込んでいたね。

良子　今日も満員だったわ。

弟　僕も＿＿＿＿＿＿店へ行ってみたいなあ。どんな所なの、＿＿＿＿＿＿。

父　＿＿＿＿＿＿はね、最近のレストランとは少し違うんだよ。

　　クラシックな感じなんだ。

弟　へえ。今度、僕も連れて行ってよ。

| その ◆◆◆◆ | そこ | あの ◆◆◆◆◆◆◆ | あそこ |

29 お見舞い

2-13

西田先生が花をくださいました。

萩原真由美 …… 日本語学校の先生。

アンジニ・ラタ …… 日本語学校で勉強している学生。

　　　　　　　　学生会館に住んでいる。

萩原　　アンジニさん、こんにちは。

アンジニ　あ、先生。

萩原　　今、だいじょうぶ？　お食事は？

アンジニ　今、終わったところです。先生、どうぞそちらへ。

萩原　　具合はどう？

アンジニ　おかげさまでもうだいぶいいんですよ。

萩原　　そう、それはよかったわ。でもアンジニさんが

　　　　入院したって聞いた時は、本当にびっくりしたわ。

アンジニ　学生会館で急におなかが痛くなったんです。

萩原　それで？

アンジニ　それで会館の遠藤先生がこの病院へ

　　　　連れて来てくださったんです。

萩原　そう。大変だったわね。

　　　あら、きれいなお花ね。

アンジニ　西田先生がくださったんです。

萩原　そう。

　　　ところで、洗濯はどうしているの？

アンジニ　遠藤先生の奥さんがしてくださっているんです。

萩原　そう。

萩原　あ、そうだわ、これ、歌のテープ。アンジニさん、

　　　歌が好きでしょ。

アンジニ　わあ、ありがとうございます。

萩原　じゃあ、そろそろ失礼するわね。

アンジニ　先生、今日は来てくださって

　　　　どうもありがとう

　　　　ございました。

萩原　じゃあ、おだいじに。

文型 →sentence pattern

にし だ
西田先生が（私に）花を**くださいました**。
　　　　　にし だ
（私は）西田先生**に**花を**いただきました**。

（1）　　先生　　きれいな扇子ですね。
　　　　　　　　　　　　　せん す
　　　アンジニ　ええ。吉田さんのお母さんがくださったんです。
　　　　　　　　　よし だ

（2）（マリーさんの日記）
　　　大家さんにりんごをいただいた。
　　　甘くておいしいりんごだった。

（3）先生　　日曜日にどこかへ遊びに行ったんですか。
　　　学生　　寮の先生に映画のチケットをいただいたので、友達を誘って
　　　　　　　見に行きました。

（4）マリー　大家さん、先日はどうもありがとうございました。
　　　　　　　いただいたりんご、とてもおいしかったです。
　　　大家　　そう。それはよかったわ。

※ 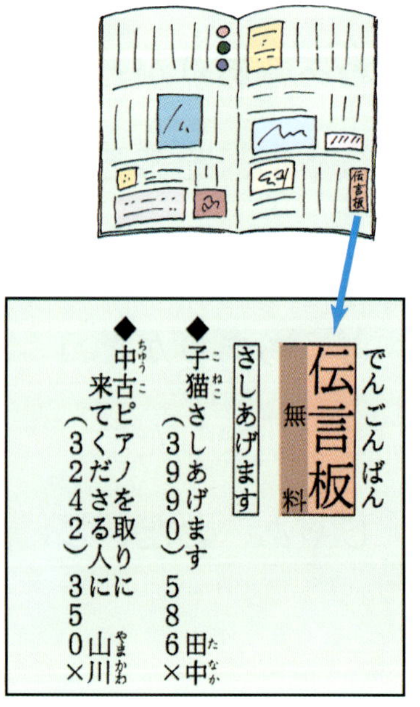

2　先生の奥さんが洗濯をしてくださいました。

　　先生の奥さんに洗濯をしていただきました。

（1）　木村さんが手紙の書き方を教えてくださいました。

（2）　**A**　願書の書き方はわかりましたか。

　　　B　ええ。佐々木先生に詳しく教えていただいたのでよくわかりました。

（3）　*西田先生*　いい辞書を持っていますね。

　　　　リン　これは、萩原先生に貸していただいたんです。

（4）　リン　萩原先生、先日は辞書を貸してくださって

　　　　　　ありがとうございました。

　　　萩原　役に立ちましたか。

　　　　リン　はい。

3　今、終わったところです。

（1）（電話で）

　　　　京子　もしもし、吉田さんのお宅ですか。小野と申しますが、

　　　　　　良子さんをお願いしたいんですが。

　　　良子の母　良子は今、買い物に出かけたところなんです。

　　　　京子　そうですか。じゃ、また後でかけます。

(2) **A** このお菓子、おいしいですよ。いかがですか。

B ありがとうございます。

　　でも、今ごはんを食べたところなので…。

(3) 武　　遅れてごめん。待った？

　　良子　ううん。私も今来たところ。

お礼の手紙

拝啓（はいけい）

先日はお見舞いに来てくださって、どうもありがとうございました。

外国で病気になってとても心細かったですが、看護婦さんや周りの人がみんな親切なので安心しました。日本語を使ういい機会なので、いろいろな人と日本語で話すようにしています。

先生がくださったテープ、毎日聞いています。日本語のいい勉強になるので、退院するまでに歌詞を覚えるつもりです。

早く退院して、また元気に学校へ行きたいと思っています。

では、ほかの先生方にもよろしくお伝えください。

敬具（けいぐ）

六月三十日　アンジニ・ラタ

萩原（はぎわら）真由美（まゆみ）先生

231-0023

横浜市中区山下町 三九二

萩原 真由美 先生

渋谷区代々木 三の十四の三
ふじ学生会館 二〇一号室
アンジニ・ラタ

151-0053

4 いろいろな人と日本語で話す**ようにしています。**

（1）**A** 健康のために、注意していることはありますか。

B 私は、休みの日にスポーツをするようにしています。

C 私は、本当はお酒が好きなんですが、あまりたくさん
飲まないようにしています。

（2）良子　京子さんはいつも早く学校へ来るんですね。

京子　ええ。満員電車に乗りたくないので、早くうちを出るように
しているんです。

（3）パク　会話が上手にならないんですが、どんな練習をすれば
いいでしょうか。

チン　そうですね…。
私は、クラスメートと日本語で話すようにしていますよ。

練習問題

1 ＿＿にひらがなをひとつ書（か）きなさい。

1. 先生（せんせい）＿＿お見舞（みま）い＿＿来（き）てくださいました。

2. 萩原先生（はぎわらせんせい）＿＿辞書（じしょ）＿＿貸（か）していただきました。

3. みなさん＿＿よろしくお伝（つた）えください。

4. A　遅（おく）れて、ごめん。待（ま）った？

   B　ううん。私（わたし）＿＿今来（いまき）たところよ。

5. 早（はや）く退院（たいいん）して、元気（げんき）＿＿学校（がっこう）＿＿行（い）きたいと思（おも）っています。

2 正（ただ）しいものに○をつけなさい。

1.　良子（よしこ）　おいしそうなケーキね。どうしたの？

   マリー　大家（おおや）さんが　{ a. くださったの。 / b. いただいたの。 }

2.　マリー　先日大家（せんじつおおや）さんに　{ a. くださった / b. いただいた }　ケーキ、とてもおいしかったです。

   　　　　　どうもありがとうございました。

   　　　大家（おおや）　いいえ、どういたしまして。

3.　山本先生（やまもとせんせい）が、私（わたし）の日本語（にほんご）の作文（さくぶん）をみて　{ a. くださいました。 / b. いただきました。 }

4.　昨日（きのう）、西田先生（にしだせんせい）にテープを貸（か）して　{ a. くださいました。 / b. いただきました。 }

5. 萩原　アンジニさん、一人で病院に来たの？

アンジニ　いいえ。学生会館の遠藤先生が

連れて来て { a. くださったんです。 / b. いただいたんです。 }

6. 小野　日本の生活で何か困ることはありませんか。

ワン　寮の先生や先輩方がいろいろ教えて { a. くださる / b. いただく } のでだいじょうぶです。

3　「～ところ」を使って例のように書きなさい。

> 例　A　チョコレートを買って来たんですが、食べませんか。
> B　今、ごはんを＿＿食べた＿＿ところですから、後でいただきます。
> （食べる）

1. 先生　チンさんはいますか。
　学生　いいえ、いません。今、＿＿＿＿＿＿＿＿＿＿ところです。
　　　　　　　　　　　　　　（帰る）

2. 先生　全部答えを書きましたか。
　学生　はい。今＿＿＿＿＿＿＿＿＿＿ところです。
　　　　　　　　　（書く）

4　例のように、「～ようにしています」を使って書きなさい。

> 例　私は1週間に1回両親に＿手紙を書くようにしています。＿

1. 早く日本語が上手になりたいので、毎日＿＿＿＿＿＿＿＿＿＿＿＿＿＿＿＿
＿＿＿＿＿＿＿＿＿＿＿＿＿＿＿＿＿＿＿＿＿＿＿＿＿＿＿＿＿＿＿＿＿＿＿

2. 私は健康のために、＿＿＿＿＿＿＿＿＿＿＿＿＿＿＿＿＿＿＿＿＿＿＿＿＿

3. 外で食事をすると高いので、＿＿＿＿＿＿＿＿＿＿＿＿＿＿＿＿＿＿＿＿＿

5 次の手紙を読んで（ア）～（オ）に入れる適当な言葉を ▢ の中から選んで記号を書きなさい。

（ア）

先日はお見舞いに来て（ **1** ）て、どうもありがとうございました。外国で病気になってとても心細かったですが、看護婦さんや周りの人がみんな親切なので、安心しました。日本語を使ういい機会なので、いろいろな人と日本語で話すようにしています。

先生が（ **2** ）テープ、毎日聞いています。日本語のいい勉強になるので、退院するまでに歌詞を覚えるつもりです。

早く退院して、また元気に学校へ行きたいと思っています。

では、ほかの先生方にもよろしくお伝えください。

（　イ　）

（　エ　）

（ウ　）

（オ　）

a	六月三十日
b	拝啓
c	アンジニ・ラタ
d	敬具
e	萩原真由美先生

ア（　　）
イ（　　）
ウ（　　）
エ（　　）
オ（　　）

上の文の(1)～(2)に「いただく」か「くださる」を適当な形にして（　　）に書きなさい。

1.（　　　　　　）て

2.（　　　　　　）

6 吉田良子さんに手紙を書きます。封筒に名前と住所を書きなさい。

住所録		
氏名	上松義一	
住所	松本市岡田町 1丁目 5-19	
〒 390-0315	TEL	
氏名	吉田良子	
住所	新宿区西新宿 5丁目 13-1	
〒 160-0023	TEL 03-3461-82xx	
氏名	荒川武郎	
住所	中央区築地 1丁目 2-3	

30 もう少し召し上がりませんか。

2-15

由美さんはいらっしゃいますか。

渡辺　もしもし、佐々木さんのお宅ですか。

佐々木　はい、そうです。

渡辺　私、渡辺と申しますが、
由美さんはいらっしゃいますか。

佐々木　由美は今おりませんが。

渡辺　何時ごろお帰りになりますか。

佐々木　今日は、7時ごろ帰ると言っておりましたが。

渡辺　そうですか。じゃ、また、夜お電話いたします。
失礼します。

佐々木　失礼します。

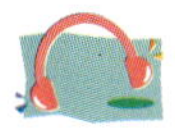 2-16

はじめまして。アルン・アマラポーンと申します。

渡辺助教授……40歳ぐらい。大学で経済学を教えている。男性。

佐々木由美……30歳ぐらい。日本語教師。女性。

アルン・アマラポーン……25歳ぐらい。

　　　　　　　　　　タイの留学生で、大学院で経済を勉強している。

（駅で）

渡辺助教授　佐々木さん、こちらアルンさん。

佐々木由美　はじめまして、私、佐々木です。

　　　　　　どうぞよろしく。

アルン　　　はじめまして。アルン・アマラポーンと

　　　　　　申します。どうぞよろしく。

渡辺　　　　アルンさん、佐々木さんは今年の9月からタイで

　　　　　　日本語を教えるんです。

アルン　　　タイへいらっしゃるんですか。

佐々木　　　ええ、そうなんです。それで、アルンさんにいろいろ

　　　　　　お聞きしたいと思って…。

（タイ料理のレストランで）

ウエートレス　いらっしゃいませ。何名様でいらっしゃいますか。

渡辺　　　3人です。

ウエートレス　あちらへどうぞ。

　　　　　　　　渡辺　あのう、メニューをお願いします。

ウエートレス　かしこまりました。

（メニューを見ながら）

　　渡辺　私にはよくわかりませんが、
　　　　　佐々木さんはどうですか。

　佐々木　私もぜんぜんわかりません。

　　渡辺　アルンさんに任せますから、

　　　　　何か注文してください。

　アルン　はい、わかりました。

　佐々木　アルンさんはいつ日本へいらっしゃったんですか。

　アルン　去年の10月です。

　佐々木　お一人で日本に住んでいらっしゃるんですか。

　アルン　ええ、中野に一人で住んでいます。

　佐々木　そうですか。

　アルン　あのう、佐々木さんはタイのどちらへいらっしゃるんで

　　　　　すか。

　佐々木　チェンマイです。

　アルン　チェンマイはきれいでいい所ですよ。

 2-17

これ、もう少し召し上がりませんか。

アルン　これ、もう少し召し上がりませんか。

佐々木　いただきます。

　　　　すみませんが、ナプキンを取っていただけませんか。

アルン　はい、どうぞ。先生もナプキンをお使いになりますか。

渡辺　あ、ありがとう。

アルン　先生、タイ料理は初めてですか。

渡辺　ええ、初めてです。辛いけどおいしいですねえ、

　　　　タイ料理は。

アルン　お口に合ってよかったです。

　　　　先生、サラダ、もう少しいかがですか。

渡辺　ええ、いただきます。

アルン　佐々木さんにも

　　　　お取りしましょうか。

佐々木　すみません。お願いします。

（出口で）

佐々木　今日はアルンさんとお会いできて本当によかったです。

アルン　私もとても楽しかったです。

渡辺　アルンさん、今日は本当に
　　　どうもありがとう。

アルン　いいえ、こちらこそ。
　　　ごちそうさまでした。
　　　じゃ、私はここで失礼します。

佐々木　失礼します。

> **A** 由美さんはいらっしゃいますか。
> **B** いいえ、由美は今おりませんが。

尊敬語

（1）学生　先生はたばこをお吸いになりますか。
　　　先生　いいえ、吸いません。

（2）スチュワーデス　お読みになりますか。
　　　　　　　客　はい。

（3）学生　先生はタイの料理を
　　　　　召し上がったことがありますか。
　　　先生　いいえ、ありません。

(4) アルン　佐々木<ruby>さ さ き</ruby>さんはいつタイへ
　　　　　　いらっしゃるんですか。
　　　佐々木<ruby>さ さ き</ruby>　来月の3日に行きます。

(5) 学生　先生、明日何時ごろ
　　　　　学校へいらっしゃいますか。
　　　先生　9時ごろ来るつもりです。

(6) アルン　先生、マリーさんの住所を
　　　　　　ご存じですか。
　　　先生　ええ、知っていますよ。

(7) マリー　これ、私が作ったケーキなんです。
　　　　　　お口に合わないかもしれませんが、
　　　　　　召し上がってください。

2
> **A** 由美<ruby>ゆ み</ruby>さんはいらっしゃいますか。
> **B** いいえ、由美<ruby>ゆ み</ruby>は今おりませんが。

謙 譲 語<ruby>けんじょう ご</ruby>

(1) 先生　すみません。
　　　　　誰か荷物を持ってください。
　　　学生　はい。私がお持ちします。

(2) アルン　サラダをお取りしましょうか。
　　　佐々木<ruby>さ さ き</ruby>　お願いします。

(3) (映画館<ruby>えい が かん</ruby>の切符売場で)
　　　学生　学生1枚ください。
　　　店員　はい。学生証を拝見<ruby>はいけん</ruby>します。

(4) （受付で）

立川　ちょっと伺いたいんですが。

受付　はい。

立川　渡辺助 教 授の研究室はどちらですか。

受付　3階です。

立川　どうも。

(5) 佐々木　ワイン、もう少し

召し上がりませんか。

アルン　いただきます。

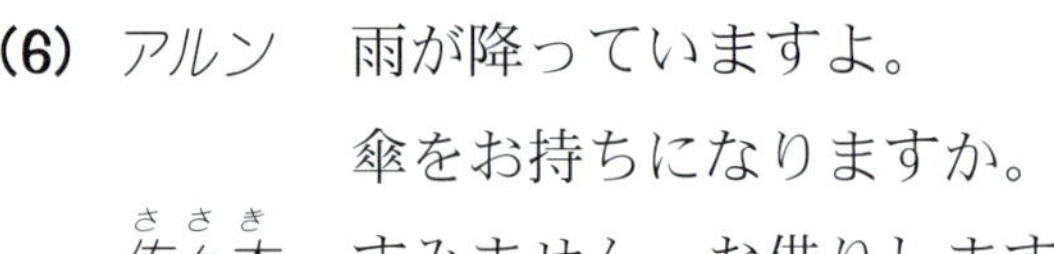

(6) アルン　雨が降っていますよ。

傘をお持ちになりますか。

佐々木　すみません。お借りします。

(7) （電話で）

渡辺　由美さんは何時ごろお帰りになりますか。

佐々木　今日は7時ごろ帰ると言っておりました。

渡辺　じゃあ、また、夜お電話いたします。

(8) アルン　東都大学の原田先生をご存じですか。

佐々木　はい、存じております。

アルン　そうですか。加藤先生もご存じですか。

佐々木　いいえ、存じません。

3　すみませんが、ナプキンを取っていただけませんか。

(1) すみませんが、写真を撮っていただけませんか。

(2) A　すみませんが、辞書を貸していただけませんか。

B　どうぞ。

※ すみませんが、ナプキンを取ってくださいませんか。

練習 Exercise

a. 絵を見て例のように言いましょう。

例　どうぞ、おかけください。

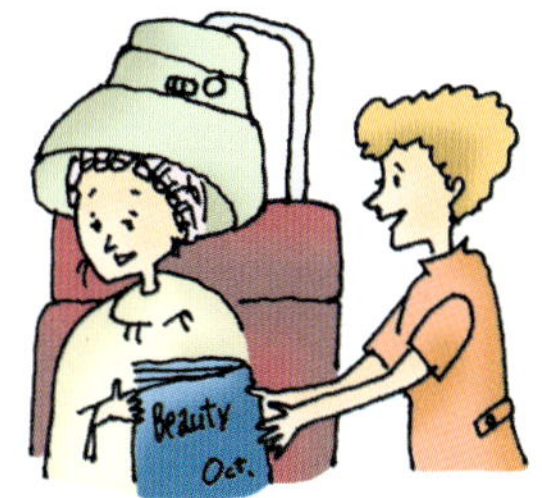

1. 見る

2. こちらで待つ

3. 上がる

4. 食べる

b. 絵を見て例のように言いましょう。

例　何時ごろお帰りになりますか。

1. 使う

2. 来る

3. 持つ

c. 絵を見て例のように言いましょう。

1. 貸す

2. 手伝う

3. 取る

d. 絵を見て例のように言いましょう。

例

1. 辞書を貸す

2. 写真を撮る

3. この漢字の読み方を教える

何時ごろお着きになりますか。

丘の上ホテルの
フロント　はい、丘の上ホテルでございます。

田中　実　宿泊の予約をしたいんですが。

フロント　はい。いつのご予約ですか。

田中　10月2日から5日まで3泊したいんです。2名です。

フロント　ツインの部屋でよろしいですか。

田中　はい、けっこうです。

フロント　今、お調べいたしますので、
　　　　　少々お待ちください。

田中　はい。

フロント　お待たせいたしました。お取りできますので、お名前、
　　　　　ご住所、お電話番号をお願いします。

田中　はい。名前は田中 実です。住所は大阪府豊中市本町
　　　3－22－1、電話番号は06－6370－3111です。

フロント　当日は何時ごろお着きになりますか。

田中　たぶん夜8時ごろだと思います。

フロント　はい、わかりました。では、お待ちしております。
　　　　　ありがとうございました。

② 10時に来てください。
① 明日、何時に伺いましょうか。
③ じゃ、10時に参ります。
HASEGAWA

あ、すみません。
雑誌をご覧になりますか。
Beauty
Oct

手荷物預り
JTA
おたばこをお吸いになりますか。
いいえ、吸いません。

お食事は洋食になさいますか、和食になさいますか。
和食にします。

ほっかいどう
東京
ご自由にお取りください。
申込書

どうぞ、おかけください。
すみません。

敬語

尊敬語		謙譲語
	いる	おる （おります）
いらっしゃる （いらっしゃいます） おいでになる （おいでになります）	行く	参る （参ります） 伺う （伺います）
	来る	参る （参ります）
おっしゃる （おっしゃいます）	言う	申す （申します）
召し上がる （召し上がります）	食べる 飲む	いただく （いただきます）
ご覧になる （ご覧になります）	見る	拝見する （拝見します）
なさる （なさいます）	する	いたす （いたします）
お聞きになる （お聞きになります）	聞く	伺う （伺います） お聞きする （お聞きします）
ご存じだ （ご存じです）	知る	存じる ※（存じております）

～ていらっしゃる （～ていらっしゃいます）	～ている	～ておる （～ております）
ご／お～なさる （ご／お～なさいます）	～する	ご／お～する （ご／お～します） ご／お～いたす （ご／お～いたします）

例 ご結婚なさいます
ご試着なさいます
ご説明なさいます
ご卒業なさいます
お電話なさいます
お料理なさいます

例 ごあいさつします
ご案内します
ご紹介します
ご説明します
ご連絡します
お電話します
お約束します

▼ 特別な形がない動詞

尊敬語（そんけいご）	謙譲語（けんじょうご）
お～になる （お～になります）	お～する （お～します）

例 お撮りになります
お持ちになります

例 お撮りします
お持ちします

練習問題

1 ＿＿にひらがなをひとつ書きなさい。

1. 学生　明日、何時ごろ学校＿＿いらっしゃいますか。
   先生　9時ごろ来ますよ。

2. アルン　先生、マリーさん＿＿住所＿＿ご存じですか。
   先生　さあ、知りません。

3. （研究室で）
   学生　すみません。加藤先生＿＿いらっしゃいますか。

4. A　すみませんが、写真＿＿撮っていただけませんか。
   B　ええ、いいですよ。

5. アルン　佐々木さんはタイ＿＿どちら＿＿いらっしゃるんですか。
   佐々木　チェンマイへ行くんです。

2 正しいものに○をつけなさい。

1. ＜A…寿会館の人、B…学生＞
   A　明日、1時からアルバイトの説明会をするんですが、来られますか。
   B　はい、だいじょうぶです。1時に
   　　a. 行きます。
   　　b. いらっしゃいます。
   　　c. 伺います。

2. ＜A…学生、B…先生＞

A　先生はビールを
- a. 飲みますか。
- b. 召し上がりますか。
- c. いただきますか。

B　はい、ときどき飲みます。

3. ＜A…ホテルのフロント、B…客＞

A　何日にお着きになりますか。

B　10月5日に
- a. 着きます。
- b. お着きになります。
- c. お着きします。

4. ＜A…客、B…デパートの店員＞

A　このナイフとフォークをください。

B　おうちで
- a. 使いますか。
- b. お使いになりますか。
- c. お使いしますか。

A　はい、うちで
- a. 使います。
- b. お使いになります。
- c. お使いします。

5. ＜A…ウエートレス、B…客＞

A　おたばこを
- a. 吸いますか。
- b. お吸いになりますか。
- c. お吸いしますか。

B　いいえ、
- a. 吸いません。
- b. お吸いになりません。
- c. お吸いしません。

絵を見て例のように書きなさい。

例 お荷物、＿＿お持ちし＿＿ましょうか。
（持つ）

---

1. この傘、＿＿＿＿＿＿＿＿＿＿＿ましょうか。
（貸す）

2. どうぞ＿＿＿＿＿＿＿＿＿＿＿ください。
（上がる）

3. どうぞ、＿＿＿＿＿＿＿＿＿＿＿ください。
（食べる）

4. どうぞ、＿＿＿＿＿＿＿＿＿＿＿ください。
（見る）

5. すみませんが、こちらで＿＿＿＿＿＿＿＿＿ください。
（待つ）

6. おはしを＿＿＿＿＿＿＿＿＿＿＿なりますか。
（使う）

7. すみませんが、
　　窓を＿＿＿＿＿＿＿＿＿ませんか。
　　　　　　（閉める）

8. すみませんが、写真を＿＿＿＿＿＿＿＿＿ませんか。
　　　　　　　　　　　（撮る）

9. すみませんが、辞書を＿＿＿＿＿＿＿＿＿ませんか。
　　　　　　　　　　　（貸す）

4 正しいものに○をつけなさい。

伊藤先生へ

4時ごろ { a. いらっしゃいました / b. 参りました } が、

先生は { a. いらっしゃいませんでした。 / b. おりませんでした。 }

5時ごろもう一度 { a. お借りになった / b. お借りした } 本を持って、

研究室へ { a. いらっしゃいます。 / b. 参ります。 }

6月1日

マリー・ジジョンラク

5 ____に適当な言葉を書きなさい。

渡辺　もしもし、佐々木さんの＿＿＿＿＿＿＿＿＿＿ですか。

佐々木　はい、そうです。

渡辺　私、渡辺と＿＿＿＿＿＿＿＿が、
　　　由美さんは＿＿＿＿＿＿＿＿か。

佐々木　由美は今おりませんが。

渡辺　何時ごろ＿＿＿＿＿＿＿＿か。

佐々木　今日は7時ごろ帰ると＿＿＿＿＿＿＿＿が。

渡辺　そうですか。じゃ、また、夜お電話＿＿＿＿＿＿＿＿
　　　失礼します。

佐々木　失礼します。

東京発鹿児島行き623便

 2-19

安く確実に行くならモノレールのほうがいいです。

（旅行会社で）

社員　斎藤様、お待たせいたしました。こちらが航空券でございます。

斎藤　はい。

社員　8月1日、9時10分発、東京発鹿児島行き623便、2名様でございますね。

斎藤　はい。ええと、5万8千円ですね。

社員　はい。どうもありがとうございました。

斎藤　あのう、飛行機に乗るのは初めてなんですが、新宿から羽田空港へはどうやって行けばいいんですか。

社員　タクシーかモノレールですが。

斎藤　そうですか…。

社員　楽に座って行くならタクシーですが、安く確実に行くならモノレールに乗るといいですよ。

斎藤　そうですか。

社員　荷物をたくさん持っていらっしゃるんですか。

斎藤　いいえ、荷物は少ないんですが、80歳の母を連れて行くんです。

社員　それじゃ、タクシーのほうがいいですね。

斎藤　じゃ、タクシーで行くことにします。

社員　タクシーでいらっしゃるなら、2時間ぐらい前に出たほうがいいですよ。

斎藤　はい。

文型 → sentence pattern

> **1** 安く確実に行く**なら**モノレールに乗るといいです。

(1) A　東京で買い物をするんですが、どこがいいですか。

　　 B　いい品物を見るなら銀座ですが、安く買うなら
　　　　上野がいいと思いますよ。

(2) **A** 来年箱根（はこね）へ行こうと思っているんですが、いちばんいい季節（きせつ）は
いつですか。

  B 桜（さくら）を見るなら春（はる）ですが、紅葉（こうよう）を見るなら秋（あき）がいいと思いますよ。

(3) **A** 新宿（しんじゅく）からモノレールに乗れますか。

  B いいえ、モノレールに乗るなら山手線（やまのてせん）で浜松町（はままつちょう）まで行かなくては
いけません。

(4) 学生　すみません、ここでたばこを吸ってもいいですか。

  先生　ここは禁煙（きんえん）ですから、たばこを吸うなら、あそこの喫煙所（きつえんじょ）で
吸ってください。

2 タクシーで行くことにします。

(1) ワン　日曜日、みんなでボウリングに行くんですけど、いっしょに
行きませんか。

  マリー　行きたいけど、私はボウリングをしたことがないんです。

  ワン　だいじょうぶですよ。アルンさんが教えてくれますよ。

  マリー　そうですか。じゃ、私も行くことにします。

(2) リー　日曜日のボウリング、マリーさんも行きますか。

  マリー　はい、行きます。ちょっと迷（まよ）ったんですが、行くことにしま
した。

(3) 先生　キムさんはもう進路を決めましたか。

  キム　はい。先週両親と相談して、東都大学（とうとだいがく）の経済学部（けいざいがくぶ）を受ける
ことにしました。

a. 例のように言いましょう。 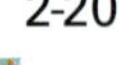 2-20

A 羽田（はねだ）まで安く行きたいんですが、何に乗ればいいですか。
B 安く行くならモノレールに乗るといいですよ。

1. いい辞書を買う／どこへ行く／駅のそばの本屋へ行く

2. コンサートのチケットを買う／どこへ行く／プレーガイドへ行く

3. 中国語の新聞を読む／どこへ行く／学校の図書館へ行く

4. 奨学金について聞く／誰に聞く／教務の人に聞く

 2-21

空港に着いたら、チェックインしてください。

斎藤　空港に着いたら、どうすればいいんですか。

社員　着いたら、すぐに航空会社のカウンターで

　　　チェックインしてください。

　　　それから荷物も預けます。

斎藤　機内に持ち込めないんですか。

社員　カメラや小さいハンドバッグの

　　　ほかに1個だけは持ち込めますが、

　　　それ以外は預けることになっています。

斎藤　向こうに着いたらすぐに受け取れますか。

社員　はい、もちろんです。

斎藤　チェックインが済んだら、どうするんですか。

社員　危険物を持っていないかどうか簡単な検査をします。

それから、出発待合室へ行ってください。

斎藤　乗り遅れることはありませんか。

社員　だいじょうぶです。出発の時間が来たら係員が案内してく

れますから。

斎藤　わかりました。どうもありがとうございました。

社員　いいえ。では、お気をつけて。

文型 → sentence pattern

3　空港に着いたら、すぐにチェックインしてください。

(1)　斎藤　鹿児島に着いたら、どうすればいいんですか。
　　　社員　着いたら、まず預けた荷物を受け取ってください。

(2)　マリー　先週ディズニーランドで撮った写真、できましたか。
　　　ワン　明日できるんです。
　　　マリー　じゃ、できたら見せてください。

(3)　(会社で)
　　　長井　今日仕事が済んだら、
　　　　　　飲みに行きませんか。
　　　木村　いいですね。

(4) 夏休みになったら、帰国しようと思っています。

4 大きい荷物は預ける**ことになっています**。

(1) 敬子　燃えないゴミはいつ出すんですか。

　　　大家　火曜日に出すことになっていますよ。

(2) 乗客　ハンドバックの中も見せなくちゃいけないんですか。

　　　係員　はい、お客様の安全のために見せていただくことに
　　　　　　なっていますので、ご協力ください。

(3) （図書館で）

　　　図書館員　すみません。かばんはロッカーに入れることになっている
　　　　　　　　ので、あちらのロッカーを使ってください。

　　　学生　はい、わかりました。

(4) （遊園地で）

　　　係員　申し訳ありませんが、小学生以下のお子さんは乗れないことに
　　　　　　なっていますので…。

　　　母親　あっ、そうですか。

b. 例のように言いましょう。

> 例
> *A* 空港に着いたら、どうすればいいですか。
> *B* 着いたら、チェックインしてください。
> *A* はい、わかりました。

1. 検査（けんさ）が終わる／どうする／出発待合室（しゅっぱつまちあいしつ）で待つ

2. 新宿（しんじゅく）駅に着く／どうする／こちらに電話をする

3. コピーが終わる／何をする／パソコンを打つ

4. この仕事が済（す）む／誰に連絡する／私に連絡する

 2-23

下の景色が見えますか。

（機内で）

スチュワーデス　皆様、本日も日本翼航空をご利用いただきまして、

ありがとうございます。ただいまからこの623便は

鹿児島空港に向けて出発いたします。お座席のベル

トはしっかりとお締めになり、おたばこは禁煙のサ

インが消えるまで、しばらくご遠慮くださいませ。

斎藤　お母さん、ほら、下の景色、見える？

母　ええ、ええ。

斎藤　建物があんなに小さくて、マッチ箱のようだなあ。

もう海の上だ。ほら、船が見えるよ。

母　ええ、まるでおもちゃみたい。

斎藤　今日はいい天気でよかったね。

母　これは何ですか。

スチユワーデス　それはイヤホーンでございます。音楽や落語が

お聞きになれます。

母　へえ！　飛行機の中で落語が聞けるんですか。

スチユワーデス　はい。それにあちらのスクリーンで映画もご覧に

なれます。

母　ちょっと落語を聞いてみましょう。

スチユワーデス　どうぞ。

母　どれどれ…。音が小さくてよく聞こえませんよ。

スチユワーデス　このつまみを右に回せば大きくすることが

できます。

母　ああ、今度はよく聞こえます。

スチユワーデス　どうぞごゆっくりお楽しみください。

母　本当に便利になりましたねえ。

文型 → sentence pattern

5 まるで、おもちゃ｛のようです。／みたいです。

(1) **A** 下は、雲がいっぱいですね。
B 白いじゅうたんのようですね。

(2) **A** アルンさんは歌が上手ですね。
B そうですね。まるで歌手のようですね。

(3) **A** キャー、へび！
B だいじょうぶですよ。これはおもちゃですよ。
A えっ！本当ですか。まるで本物みたいですね。

(4) **A** 大きい家ですね。
B そうですね。まるでお城みたいですね。

6 音を大きくすることができます。

い形容詞　　大きい　→　大きくする
な形容詞　　きれい　→　きれいにする

(1) **A** ちょっと寒いですね。
B そうですね。クーラーを弱くしましょう。

(2) **A** 前髪を短くしてください。
B はい、わかりました。
何センチぐらい切りますか。
A そうですね。5センチぐらい切ってください。

(3) 先生　テストを始めますから、静かにしてください。

※ 砂糖を入れると甘くなります。（☞ 12 課－文型 5）

※ 前はさしみが嫌いでしたが、好きになりました。（☞ 12 課－文型 5）

1

景色が見えます。
音が聞こえます。

(1) **A** 下の景色が見えましたか。

　　B いいえ、天気が悪かったので、あまり見えませんでした。

(2) **A** 見えますか。

　　B いいえ、人が多すぎて、何も見えません。

※ 大きい飛行機に乗ると、中で映画が見られます。

(3) 音が小さくてよく聞こえません。

(4) **A** さっきの放送、聞こえましたか。

　　B いいえ、音が悪くて聞こえませんでした。

※ ウォークマンを持っていれば、いつでも自分の好きな音楽が聞けます。

練習問題

1　＿＿にひらがなをひとつ書きなさい。

1. A　新宿＿＿　＿＿モノレール＿＿乗れますか。
   B　いいえ、モノレール＿＿乗るなら山手線＿＿浜松町＿＿　＿＿
   　　行かなくてはいけません。

2. 先生　キムさん＿＿もう進路＿＿決めましたか。
   キム　はい。先週両親＿＿相談して、東都大学＿＿経済学部＿＿
   　　受けることにしました。

3. A　アルンさん＿＿歌＿＿上手ですね。
   B　そうですね。まるで、歌手＿＿ようですね。

4. 先生　テスト＿＿始めますから、静か＿＿してください。

2　正しいものに○をつけなさい。

1. 羽田空港へ｛ a. 行くなら / b. 行ったら ｝モノレールが便利です。

2. 空港に｛ a. 着くなら / b. 着いたら ｝すぐチェックインしてください。

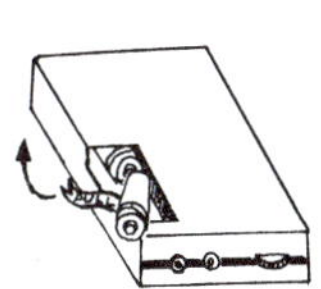

3. 荷物をたくさん｛ a. 持って行くなら / b. 持って行ったら ｝タクシーで行ったほうがいいですよ。

4. 電池が｛ a. なくなるなら / b. なくなったら ｝新しいのと交換してください。

3 （　　　）の中の動詞を適当な形にして、「〜たら」か「〜なら」を使って____に書きなさい。

1. 先生が名前を________________、「はい」と言ってください。
（呼ぶ）

2. A　新宿からモノレールに乗れますか。

　　B　いいえ、モノレールに________________山手線で浜松町まで
（乗る）

　　行かなくてはいけません。

3. 安い品物を________________デパートよりスーパーのほうがいいです。
（買う）

4 「見える」「聞こえる」「見られる」「聞ける」の中から言葉を選んで適当な形にして書きなさい。

1. （Ｌ.Ｌ.教室で）

　　先生　________________ますか。

　　学生　はい、________________ます。

2. 隣の教室がうるさくて、テープの音が________________ません。

3. A　部屋の中に何かありますか。

　　B　さあ…。暗くて何も________________んですよ。

4. 東京で、世界のいろいろな国の映画が________________ます。

5. A　このテープレコーダーでラジオが________________ますか。

　　B　はい。

5　正しいものに○をつけなさい。

1.（旅行会社で）

社員　飛行機のチェックインは、

出発の20分前までにする ｛ a. ことになって / b. ことにして ｝ います。

客　はい。わかりました。

2.　先生　冬休みに国へ帰るんですか。

学生　いいえ。はじめは帰るつもりだったんですが、

旅行に行きたいので、帰らない ｛ a. ことにしました。 / b. ことになりました。 ｝

3.　A　たばこ、1本いかがですか。

B　ありがとうございます。でも、私、たばこをやめる ｛ a. ことにした / b. ことになった ｝ ので…。

4.（新しいアパートの前で）

敬子　どこにゴミを出せばいいですか。

管理人　階段の下に出す ｛ a. ことにしています。 / b. ことになっています。 ｝

6　＿＿に適当な言葉を書きなさい。

1.　A　大きい家ですね。

B　そうですね。まるで＿＿＿＿＿＿＿＿＿＿ようですね。

2.（機内で）

斎藤　ほら、車が見えるよ。

母　ええ。まるで＿＿＿＿＿＿＿＿＿＿ようね。

3.　A　きれいな人だね。

B　＿＿＿＿＿＿＿＿＿＿みたいだね。

7 「〜する」か「〜なる」を選んで、（　　）の中の形容詞を適当な形にして書きなさい。

1. お客さんが来るから、部屋を＿＿＿＿＿＿＿＿＿おいてください。
（きれい）

2. もうすぐ春です。だんだん＿＿＿＿＿＿＿＿＿きました。
（暖かい）

3. すみませんが、ちょっとテレビの音を＿＿＿＿＿＿＿＿＿いただけませんか。
（小さい）

4. みんなが帰ったので、部屋が＿＿＿＿＿＿＿＿＿ました。
（静か）

8 ＿＿＿に適当な言葉を書きなさい。

（機内で）

母　　　　　　　これは何ですか。

スチュワーデス　それはイヤホーンでございます。音楽や落語がお＿＿＿＿になれます。

母　　　　　　　へえ！飛行機の中で落語が＿＿＿＿＿＿んですか。

スチュワーデス　はい。それにあちらのスクリーンで映画もご覧になれます。

母　　　　　　　ちょっと落語を＿＿＿＿＿＿みましょう。

スチュワーデス　どうぞ。

母　　　　　　　どれどれ…。音が小さくて
　　　　　　　　よく＿＿＿＿＿＿よ。

スチュワーデス　このつまみを右に回せば
　　　　　　　　大きくすることができます。

母　　　　　　　ああ、今度はよく＿＿＿＿＿＿ます。

スチュワーデス　どうぞごゆっくりお楽しみください。

母　　　　　　　本当に便利になりましたねえ。

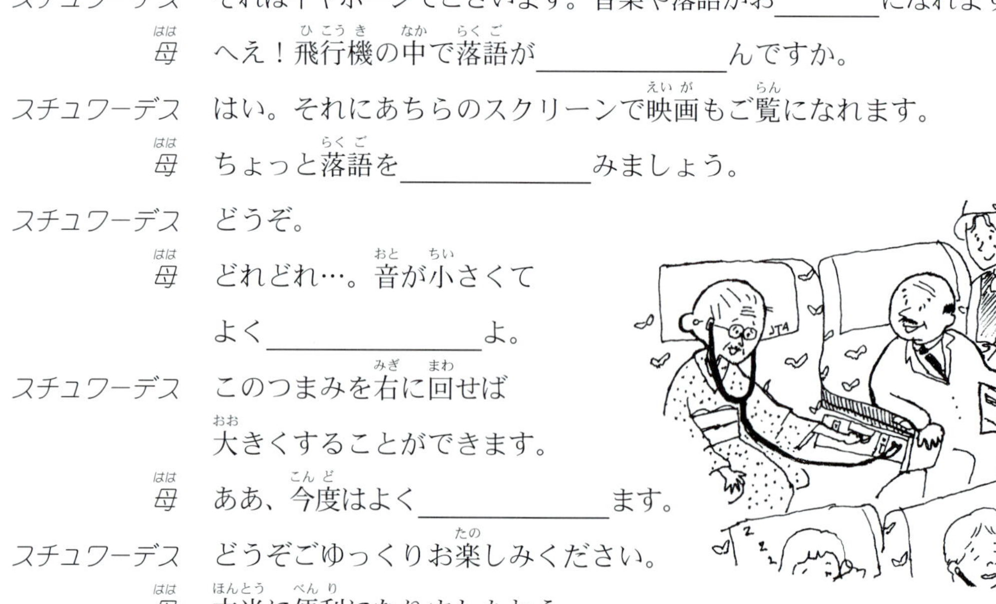

32 お祭り見物

 2-24

まだ帰っていないようです。

（喫茶店で）

鈴木一郎　チンさん、次の週末は何か予定がありますか。

チン　いいえ。まだ決めていませんが…。

鈴木　じゃあ、お祭りに行きませんか。

チン　お祭りですか。いいですね。

前から行きたいと思っていたんですよ。

鈴木　それはよかった。

チン　どこであるんですか。

鈴木　浅草です。この雑誌にいろいろ

書いてありますよ。

チン　へえ、3日間も続くんですか。

　　　あっ、これ、おみこしですね。

鈴木　見たことがあるんですか。

チン　はい。前にテレビで見ました。

　　　楽しみだなあ。

　　　あ、安部さんも誘いませんか。

鈴木　いいですね。でも、最近忙しいみたいですよ。

　　　先週の日曜日も会社で仕事をしたって言ってました。

チン　日曜日も。大変ですね。

鈴木　ちょっと無理かもしれませんが、電話してみましょうか。

チン　そうですね。

鈴木　ちょっと待っててください。

チン　どうでしたか。いましたか。

鈴木　いいえ。まだ帰っていないようです。

　　　後で、もう一度電話してみます。

チン　私も電話してみます。

文型 → sentence pattern

この雑誌にいろいろ書いてあります。

（1）**A** 何ですか。
B 試験の範囲がはってあるんですよ。

（2）**A** この薬は１回何 錠 飲めばいいでしょうか。
B ここに１回３ 錠 と書いてありますよ。

（3）学生　先生、東都大学の住所を教えていただけませんか。
　　　先生　東都大学ですか。この本に連絡先が書いてありますよ。
　　　　　　調べてみてください。
　　　学生　はい。

（4）**A** あのかばんは誰のですか。
B さあ…。朝からずっと置いてありますよ。

最近忙しい {
よう です。
みたい です。
}

基本体　+ {
ようです
みたいです
}

※ な形容詞（現在）　　好きなようです
　　　　　　　　　　　好きみたいです
　　名　　詞（現在）　　迷子のようです
　　　　　　　　　　　迷子みたいです

(1) パク　毎日、テレビでもラジオでも野球の放送をしていますね。

　　　ワン　そうですね。野球は日本人に人気があるようですね。

(2) **A** 佐々木さんは引っ越したようです。

　　B そうですか。

　　A 手紙を出したんですが、戻って来てしまったんです。

(3) **A** 電気がついていませんよ。

　　B まだ、帰っていないみたいですね。

(4) マリー　ワンさんがかぜをひいて昨日休んだそうですね。

　　　リー　ええ。でも、もうだいじょうぶなようですよ。

　　　　　　さっき、食堂にいましたから。

(5) （デパートで）

　　A あの女の子、迷子のようですよ

　　B そうですね。
　　　　店員さんを呼んで来ます。

2-25

駅に着いたら、もう、人がおおぜいいました。

安部　この前はせっかく誘ってもらったのに、すみませんでした。

チン　いいえ。最近、仕事が忙しいみたいですね。

安部　ええ。

お祭りはどうでしたか。

チン　とってもおもしろかったです。

おみこしがすばらしかったです。

感動しました。

安部　そうですか。

チン　それから、出店がたくさんあってにぎやかでした。

安部　何か買いましたか。

チン　ええ。焼きそばやアイスクリームを

買って食べました。おいしかったですよ。

安部　よかったですね。

チン　でも、すごい人でした。

駅に着いたら、もう、人がおおぜいいました。

安部　ああ、浅草のお祭りは人気がありますから。

チン　街の中はどこも人でいっぱいでした。

おみこしを見ている間に、後ろの人に押されたり、

隣の人に足を踏まれたりしました。

安部　それは大変でしたね。

チン　それに、鈴木さんも子供に

　　　ジュースをこぼされて

　　　しまったんです。

安部　そうですか。

チン　でも、楽しい一日でした。

　　　おみこしを見たり、出店で買い物をしたり…。

安部　そうですか。来年はぜひいっしょに行きましょう。

チン　そうですね。そうしましょう。

文型 → Sentence Pattern

3　せっかく誘ってもらった**のに**、行けませんでした。

基本体　＋　のに

　※　な形容詞（現在）　　きれい**な**のに
　　　名　　詞（現在）　　初めて**な**のに

(1) 新しい旅行かばんを買ったのに、かぜをひいて旅行に行けませんでした。

(2) 京子　良子さん、料理は上手になった？

　　良子　一生懸命練習しているのに、上手にならないの。

(3) 良子　せっかく作ったのに、どうして食べないの？

　　武　…。

(4) A　このテーブル、まだきれいなのに捨てるんですか。

　　B　ええ。新しいのを買ったので、置く所がなくなったんです。

(5) A　よくテニスをするんですか。

　　B　いいえ。初めてです。

　　A　本当ですか。初めてなのに上手ですね。

後ろの人に押されました。

受身形

グループ1	降る → 降られる	（ら　り　る　れ　ろ）
	言う → 言われる	（わ　い　う　え　お）
	踏む → 踏まれる	（ま　み　む　め　も）
グループ2	食べる → 食べられる	
	捨てる → 捨てられる	
グループ3	する → される	
	来る → 来られる	

(1) 窓ガラスを割って先生に叱られました。

(2) 幸子（さちこ）　そこ、赤くなってるけど、

　　　　　　　どうしたの？

　　京子（きょうこ）　蚊（か）に刺（さ）されたの。

(3) 田中（たなか）さんは車にはねられて、

　　足（あし）の骨を折（お）りました。

(4) 子供にカメラを

　　こわされてしまいました。

(5) ゆうべ帰る時、

　　雨に降られました。

(6) A　どうしたんですか。

　　B　テストが悪かったんです。

　　　　ゆうべ友達に来られて、

　　　　勉強できなかったんです。

(7) A　眠そうですね。

　　B　はい。夜、子供に泣（な）かれて、

　　　　寝られなかったんですよ。

5 駅に着い**たら**、もう、人がおおぜいいました。

(1) デパートへ行ったら、休みでした。

(2) （ボビーさんの日記）

今朝起きたら、9時だった。遅刻して先生に叱られた。

明日は気をつけよう。

(3) チン　　指、どうしたんですか。

　　一郎　　久しぶりに料理をしたら、指を切ってしまったんです。

(4) 弟にテープレコーダーを貸したら、こわされてしまいました。

a. 例のように言いましょう。

2-26

> **例**　**A** そこ、どうしたんですか。
> 　　　**B** 後ろの子供にジュースをこぼされたんです。

1. 子供／汚す

2. 犬／かむ

3. 蚊／刺す

練習問題

1 表を完成しなさい。

辞書形	グループ	受身形	辞書形	グループ	受身形
叱る			泣く		
こわす			かむ		
降る			見る		
読む			押す		
来る			取る		
はねる			する		

2 ＿＿＿にひらがなをひとつ書きなさい。

1. 先生　廊下に大きいかばん＿＿＿置いてあるんですが、誰のですか。

2. *A*　この薬は1回何錠ですか。

   B　1回3錠＿＿＿書いてあります。

3. *A*　そこ、どうしたんですか。

   B　ゆうべ蚊＿＿＿刺されたんです。

4. *A*　おみこし＿＿＿見たことがありますか。

   B　ええ。前にテレビ＿＿＿見ました。

5. *A*　お祭り＿＿＿どうでしたか。

   B　よかったですよ。でも、街の中は人＿＿＿いっぱいでした。

3 絵を見て＿＿に適当な言葉を書きなさい。

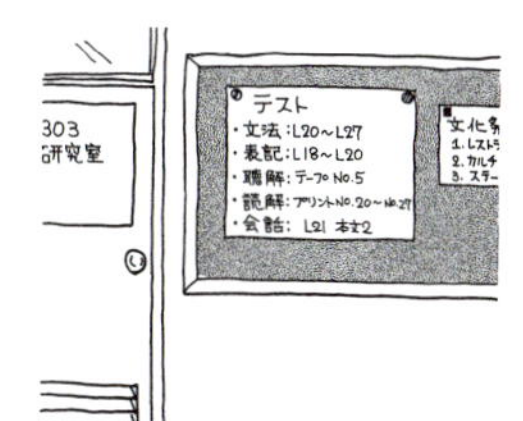

1. 掲示板に試験の範囲が＿＿＿＿＿＿＿＿＿＿＿＿
（はる）

2. A あのかばん、誰のですか。
   B さあ…。朝からずっと＿＿＿＿＿＿＿＿＿＿＿＿
（置く）

3. ここに薬の飲み方が＿＿＿＿＿＿＿＿＿＿＿＿
（書く）

4 絵を見て例のように書きなさい。

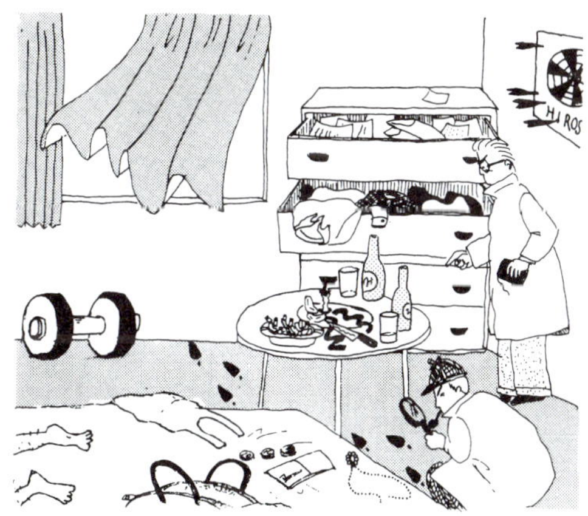

> 例 A 犯人は男の人でしょうか。女の人でしょうか。　　＊犯人
>   B ＿＿＿女の人の＿＿＿ようです。ネックレスがありますから。

1. A 犯人はこの男の人の友達でしょうか。
   B はい、＿＿＿＿＿＿＿＿＿＿＿＿＿ようです。

2. A 二人は部屋で何をしたんでしょうか。

   B ＿＿＿＿＿＿＿＿みたいです。

     テーブルの上にビールのびんとコップがありますから。

3. A 犯人はどこから出たんでしょうか。

   B ＿＿＿＿＿＿＿＿みたいです。

4. A 何か取られましたか。

   B はい。お金を＿＿＿＿＿＿＿ようです。

5 正しいものに○をつけなさい。

1. 一生懸命日本語を勉強しているのに
   - a. 上手になりません。
   - b. 上手になります。
   - c. 上手にしません。

2. クーラーをつけたのに
   - a. 涼しくなりました。
   - b. 涼しいです。
   - c. 涼しくなりません。

3. 田中さんはいつも元気なのに、今日は
   - a. 元気がありません。
   - b. 元気があります。
   - c. 元気になります。

4. さっきここに教科書を置いたのに、教科書が
   - a. あります。
   - b. ありません。
   - c. ありました。

5. 幸子　せっかく新しい服を買ったのに、
a. 着てくれてありがとう。
b. どうして着ないの。
c. どうして着るの。

一郎　……。

6 例のように書きなさい。

例 子供の時、よく両親<に>＿＿＿叱られました。
（叱る）

1. 電車の中で、後ろの人<　　>＿＿＿＿＿＿＿
（押す）

2. 車<　　>＿＿＿＿＿＿＿て、
（はねる）
足の骨を折りました。

3. 子供<　　>ジュースを＿＿＿＿＿＿＿
（こぼす）

4. 犬<　　>＿＿＿＿＿＿＿て、
（かむ）

けがをしました。

5. 雨<　　>＿＿＿＿＿＿＿て、
（降る）

かぜをひいてしまいました。

6. 隣（となり）の人＜　　＞足＜　　＞_________________
（踏（ふ）む）

7. 夜（よる）、子供（こども）＜　　＞_________________て、
（泣（な）く）

寝（ね）られませんでした。

7 絵（え）を見（み）て例（れい）のように書（か）きなさい。

例 デパートへ行（い）ったら　友達（ともだち）に会（あ）いました。

1. デパートへ行（い）ったら_________________

2. 猿（さる）にえさをやったら_________________

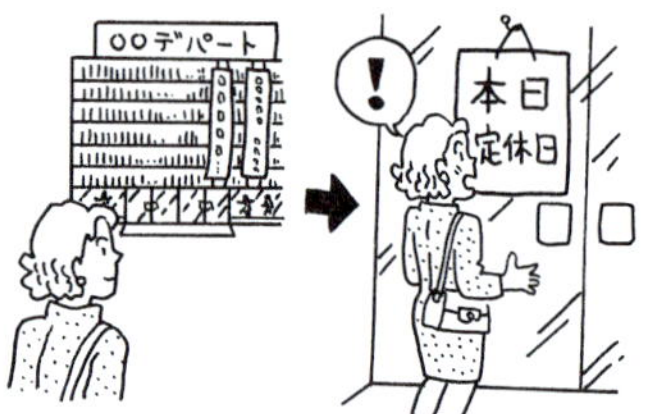

3. 弟（おとうと）にテープレコーダーを貸（か）したら_________________

8 ＿＿＿に適当な言葉を書きなさい。

チン　駅に着いたら、もう、人がおおぜいいました。

安部　ああ、浅草のお祭りは人気がありますから。

チン　街の中はどこも人でいっぱいでした。

　　　おみこしを見ている 間 に、

　　　後ろの人に＿＿＿＿＿＿＿＿＿たり、

　　　 隣 の人に足を＿＿＿＿＿＿＿＿＿たりしました。

安部　それは大変でしたね。

チン　それに、鈴木さんも子供にジュースを

　　　＿＿＿＿＿＿＿＿＿しまったんです。

安部　そうですか。

チン　でも、楽しい一日でした。

33 工場見学
こうじょうけんがく

2-27

日本で初めて作られました。
にほん

服部　みなさん、こんにちは。
はっとり

　　　私は案内係の服部と申します。見学の前に、
　　　あんないがかり　　はっとり　　　　　　　　けんがく

　　　インスタントラーメンについて少しご説明します。

　　　みなさんは、よくインスタントラーメンを食べますか。

学生　はい。

服部　みなさんの国にもインスタントラーメンはありますか。
はっとり

学生　はい。

服部　では、インスタントラーメンはどこの国で誕生したか
はっとり　　　　　　　　　　　　　　　　　　　　　たんじょう

　　　知っていますか。

学生　……。

服部 日本です。昭和33年、1958年に

日本で初めて作られました。

この時作られたのは袋めんでしたが、

1971年にはカップめんが作られました。

また、1971年に初めて外国へ輸出されました。

今では海外でも生産されるようになり、

インスタントラーメンは世界中で

食べられています。

今日は、カップめんの工場をいっしょに

見学しましょう。

服部 小麦粉、塩などがミキサーで混ぜられ、あちらの機械で

のばされます。

学生 わあ、紙のように薄いですね。

服部 そうですね。だいたい1ミリくらいの厚さになります。

この後、細く切ります。

1 インスタントラーメンは 1958 年に日本で初めて**作られました**。

(1) 英語は世界中で話されています。

(2) インスタントラーメンは世界のいろいろな国で生産されています。

(3) この工場ではたくさんのロボットが使われています。

(4) 日本ではバナナやマンゴーなどの果物が、外国から輸入されています。

(5) 東京ドームは 1988 年に建てられました。

2 紙｛のように／みたいに｝薄いです。

(1) アルンさんは日本人のように上手に日本語を話します。

(2) ロボットがまるで人間のように歩いています。

(3) **A** あの時計のようなものは何ですか。
B あれは温度計です。

(4) **A** ワンさんのお姉さん、見たことある？

B ううん。

A モデルみたいに背が高くて、
美人なんだよ。

2-28

検査は機械が自動的に行います。

服部　こちらでは、めんを入れるカップが作られています。

今、カップに穴が開いて

いないかどうか検査をして

いるところです。

検査は機械が自動的に

行います。

学生　カップめんにはいろいろな形のカップがありますね。

服部　そうですね。ラーメンやうどんなど、めんに合わせて

カップが作られます。

また、食べやすくて安全なカップを作るために、社員が

研究しています。

学生　日本には何種類くらいのカップめんがあるんですか。

服部　そうですね…。今は400種類以上あると言われています。

学生　そんなにたくさんあるんですか。

服部　ええ。その中の何種類かはみなさんの国にも輸出されて

いると思いますよ。

3 穴（あな）が開いていないかどうか検査をしているところです。

(1) **A** あのう、辞書を貸していただけませんか。

B すみません。今、使っているところなんです。

(2) 学生 あのう、来年度（らいねんど）の募集要項をいただきたいんですが。

教務の人 来年度（らいねんど）のは、今、作っているところなんです。

10月ごろできる予定ですので、そのころもう一度

いらっしゃってください。

4 検査は機械（きかい）が自動的に 行（おこな）います。

(1) リー テレビを買ったんですか。

ワン いいえ。このテレビは先輩がくれたんです。

(2) **A** あれ、はさみがない。

B すみません。そこにあったはさみは私が使っています。

(3) **A** おいしいサラダですね。作り方を教えてください。

B そのサラダは敬子（けいこ）さんが作ったんです。

A そうですか。じゃあ、敬子（けいこ）さんに聞いてみます。

5 安全なカップを作るために、社員が毎日研究（けんきゅう）しています。

(1) 発音（はつおん）の練習をするために、毎日放課後Ｌ.Ｌ.教室へ行きます。

(2) 新しい車を買うために、貯金（ちょきん）しています。

(3) 私は、コンピューターの勉強をするために、日本へ来ました。

(4) 兄の結婚式に 出席（しゅっせき）するために、国へ帰りました。

練習問題

1 ＿＿＿にひらがなをひとつ書きなさい。

1. 私は日本語科＿＿＿リー＿＿＿申します。どうぞよろしくお願いします。

2. A　このケーキ、おいしいですね。どこで買ったんですか。

   B　それ＿＿＿私＿＿＿作ったんですよ。

3. 日本のカップめんは海外＿＿＿輸出されています。

4. 日本の食料品の半分以上は外国＿＿＿ ＿＿＿輸入されています。

5. この工場＿＿＿ ＿＿＿ウォークマン＿＿＿生産されています。

2 （　　　）の言葉を適当な形にして＿＿＿に書きなさい。（受身形を使うこと）

1. ＜工場で＞

   学生　この工場はいつ＿＿＿＿＿＿＿＿＿＿んですか。
   　　　　　　　　　　　　　（建てる）

   服部　1975年です。

   学生　1年にどのぐらいのインスタントラーメンが＿＿＿＿＿＿＿＿＿て
   　　　　　　　　　　　　　　　　　　　　　　　　　　（生産する）

   　　　いるんですか。

   服部　1億5千万個ぐらいです。ここから日本全国へ＿＿＿＿＿＿＿＿＿て
   　　　　　　　　　　　　　　　　　　　　　　　　　　　（運ぶ）

   　　　いるんですよ。

   学生　海外へも＿＿＿＿＿＿＿＿＿ていますか。
   　　　　　　　　　（輸出する）

服部　以前はたくさん＿＿＿＿＿＿＿＿＿＿ていましたが、今は海外にも

(輸出する)

工場があるので、輸出の量は減ってきました。

2. 英語は世界中で＿＿＿＿＿＿＿＿＿ています。

(話す)

3. この教科書はたくさんの学校で＿＿＿＿＿＿＿＿＿ています。

(使う)

4. 猿は頭がいい動物だと＿＿＿＿＿＿＿＿＿ています。

(言う)

3　「よう・ような・ように」の中で適当な言葉を(　　)に書きなさい。

1. 工場の中ではロボットが、まるで生き物の(　　　　　)動いていました。

2. 学生　あそこにテレビの(　　　　　)ものがありますね。

あれは何ですか。

3. 私の先輩はとても優しくて、まるで本当のお姉さんの(　　　　　)です。

4. まだ5月なのに、今日は夏の(　　　　　)暑いですね。

4　(　　)の言葉を適当な形にして＿＿に書きなさい。

1. (電話で)

　　　A　これからプールに泳ぎに行かない？

　　　B　ごめんなさい。今、＿＿＿＿＿＿＿＿＿ところなの。

(勉強する)

もうすぐ終わるから、終わったら電話するね。

2. *A* これ、私が作ったケーキなんだけど、食べない？

B ありがとう。でも、今、昼ごはんを＿＿＿＿＿＿＿＿＿＿ところだから、
（食べる）

おなかがいっぱいなの。

5 ＿＿に適当な言葉を書きなさい。

1. 私は、＿＿＿＿＿＿＿＿＿＿＿＿＿＿＿＿＿＿ために日本へ来ました。

2. ＿＿＿＿＿＿＿＿＿＿＿＿＿＿＿＿＿＿＿ために貯金しています。

6 本文1と本文2を読んで、正しいものに○、正しくないものには×を
つけなさい。

1. （　　）インスタントラーメンは、日本で誕生しました。

2. （　　）1958年に、袋めんとカップめんが作られました。

3. （　　）カップの検査は、人が行います。

4. （　　）カップの形は1種類だけです。

5. （　　）400種類以上のカップめんが海外へ輸出されています。

毎日家の手伝いをさせました。

 2-29

練習ばかりしていました。

松本アナウンサー …… インタビューする人。

高田幸枝 …… 高田広美（マラソン選手）の母親。

松本　今日のお客様は、マラソン選手高田広美さんのお母様、

高田幸枝さんです。

高田選手は先日の国際女子マラソン大会で、日本最高の

タイムで見事に優勝なさいました。

今日は、高田選手の子供のころからマラソン選手になる

までのお話を伺いたいと思います。

松本　はじめまして。よろしくお願いします。

高田　こちらこそ。

松本　広美さんはどんなお子さんだったんですか。

高田　広美はとても元気な子でした。よく近くの川で魚をとったり

木に登ったりしていました。よく男の子に間違えられましたよ。

松本　そうですか。広美さんが陸上を始めたのはいつですか。

高田　高校生のころです。広美の高校の陸上部は練習がとても
厳しかったんです。土曜日も日曜日も毎日練習ばかり
していました。

松本　大変だったんでしょうね。

高田　そうですね。大変だったと思います。学校の勉強も
ありましたから。

松本　ああ、そうですね。

高田　でも、私はスポーツや勉強だけではなく、ほかにも大切な
ことがあると思っていました。だから、家では広美に毎日
家の手伝いをさせました。

松本　たとえば？

高田　お皿を洗わせたり、洗濯をさせたりしました。

松本　そうですか。

1 毎日練習ばかりしていました。

(1) 柔らかい物ばかり食べていると歯が弱くなるそうです。

(2) 母　テレビばかり見ているけど、だいじょうぶなの？
　　　明日はテストでしょう？
　　浩二　だいじょうぶだよ。

(3) 広美　半ズボンばかりはいていたので、よく男の子に
　　　間違えられました。

※ 夏休み中遊んでばかりいたので、宿題が全部できませんでした。

2 広美に家の手伝いをさせました。

使役形

グループ1	行く	→	行かせる	（か　き　く　け　こ）
	洗う	→	洗わせる	（わ　い　う　え　お）
	帰る	→	帰らせる	（ら　り　る　れ　ろ）
グループ2	食べる	→	食べさせる	
	受ける	→	受けさせる	
グループ3	する	→	させる	
	来る	→	来させる	

❶ 子供が野菜を食べる　→　お母さんは子供に野菜を食べさせる

(1)　先生　うちで宏君にどんな勉強をさせていますか。

　　　母　本を読ませたり、復習をさせたりしています。

(2)　社長　私の会社では、新入社員にまず社員全員の名前を
　　　　　　覚えさせます。

❷ 子供が泳ぐ　→　お父さんは子供を泳がせる

(3)　部長　社長を東京駅に迎えに行かなくては
　　　　　　いけないんだけど…。

　　　係長　じゃあ、中島を行かせましょう。

(4)　アナウンサー　東都大学の選手は体力がありますね。

　　　監督　ええ。毎日10キロ走らせているんです。

(5)　日本では、小さい時から子供を塾に通わせる親が多い。

a. 絵を見て例のように言いましょう。

1. お皿を洗う

2. そうじをする

3. 廊下に立つ

 2-30

進路が決まらなくて心配しました。

松本　高校を卒業後、広美さんは体育大学に進学なさいましたね。

高田　ええ。あの時は、なかなか進路が決まらなくて本当に

心配しました。

私は「大学に行かないで、就職したらどう」と言ったのですが、

広美は大学に行きたがっていました。

結局、陸上部の先生が、広美を体育大学に推薦して

くださったんです。

松本　そうだったんですか。

大学を卒業してから、マラソン選手として活躍するように

なりましたね。

高田　ええ。大学に入学する時は、先生になると言って

いたんですが、大学にいる間に考えが変わったようです。

松本　ご両親は、広美さんがマラソン選手になることに

反対なさらなかったんですか？

高田　初めは驚きましたが、広美が自分で決めたことですから、

反対はしませんでした。

松本　そうですか。これからも広美さんのご活躍を楽しみにして

います。今日はどうもありがとうございました。

 ありがとうございました。

 sentence pattern

3 進路が決まらなくて心配しました。

(1) **A** 隣の部屋がうるさくて困っているんです。

 B そうですか。それは大変ですね。

(2) （手紙）
 先日東京に行ったのですが、先生にお会いできなくて残念でした。

(3) **A** 天気予報は雨だと言っていたけど、いい天気になったね。

 B 本当ね。ハイキングが中止にならなくてよかったわ。

(4) 東京タワーで偶然クラスメートに会ってびっくりしました。

(5) **A** この前の日曜日、佐藤さんに会ったそうですね。

  B ええ。久しぶりにいろいろな話ができて楽しかったです。

4 就職したらどうですか。

(1) 山崎　長井さんの電話番号、知っていますか。

  田中　いいえ…。林さんに聞いてみたらどうですか。

  　　　知っているかもしれませんよ。

(2) 幸子　最近、顔色が悪いわよ。病院に行って検査してもらったら？

  一郎　今度行くよ。今、忙しくて行く暇がないんだ。

(3) 看護婦　アルンさん、今日はあまり歩かないほうがいいですよ。

  　　　　タクシーで帰ったらどうですか。

  アルン　でも、電話番号がわからないんです。

  看護婦　電話のところに書いてありますよ。

練習問題

1 表を完成しなさい。

辞書形	グループ	使役形	辞書形	グループ	使役形
買う			読む		
行く			書く		
食べる			来る		
習う			聞く		
(そうじを) する			待つ		
飲む			洗う		

2 ＿＿＿にひらがなをひとつ書きなさい。

1. 子供のころ、よく川で魚＿＿＿とったり、木＿＿＿登ったりしました。

2. 私は音楽大学＿＿＿進学したいです。

3. 先生が、妹＿＿＿体育大学＿＿＿推薦してくださいました。

4. A 田中さんの住所を知っていますか。

   B いいえ。林さん＿＿＿聞いてみたらどうですか。

3 正しいものに○をつけなさい。

1. 甘い物 { a. しか / b. ばかり } 食べていると、虫歯になるかもしれません。

2. 今、500円 { a. しか / b. ばかり } ないから、レストランへは行けません。

3. 前はロック { a. しか / b. ばかり } 聞いていたんですが、最近は、クラシック音楽も

聞くようになりました。

4 ＿＿にひらがなをひとつ書いて、下の質問に答えなさい。

1. お母さんは宏君＿＿本＿＿読ませました。
   1) 誰が本を読みましたか。

   ____

   2) 誰が本を読ませましたか。

   ____

   3) 誰に本を読ませましたか。

   ____

2. お母さんは宏君＿＿塾＿＿通わせました。
   1) 誰が通いましたか。

   ____

   2) 誰が通わせましたか。

   ____

   3) 誰を通わせましたか。

   ____

5 絵を見て、例のように書きなさい。

> **例** お母さんは子供＿＿＿に＿＿お皿＿＿を＿＿＿洗わせました。

1. お母さんは子供＿＿＿ピアノ＿＿＿
   ＿＿＿＿＿＿＿＿＿＿＿＿＿＿＿＿＿

2. お母さんは子供＿＿＿野菜＿＿＿
   ＿＿＿＿＿＿＿＿＿＿＿＿＿＿＿＿＿

3. お父さんは子供＿＿＿
   ＿＿＿＿＿＿＿＿＿＿＿＿＿＿＿＿＿

4. 監督は選手＿＿＿
   ＿＿＿＿＿＿＿＿＿＿＿＿＿＿＿＿＿

6 例のように「〜て」か「〜なくて」を使って書きなさい。

> **例** 佐々木　高田さんのお子さんはよく勉強なさるんでしょう。
>
> 高田　いいえ。ぜんぜん＿＿＿勉強しなくて＿＿＿困っています。
> （勉強する）

1. 佐々木　アルンさん、日本語は上手になりましたか。

　　アルン　いいえ、＿＿＿＿＿＿＿＿＿＿＿＿＿＿＿＿困っているんです。
　　　　　　　　　　　　　（上手になる）

2. A　もう切符を買いましたか。
　　B　今、人がおおぜい＿＿＿＿＿＿＿＿＿＿＿＿＿＿＿買えないんです。
　　　　　　　　　　　　　　　　　　（いる）

3. 昨日学校へ来たら、誰も＿＿＿＿＿＿＿＿＿＿＿＿＿びっくりしました。
　　　　　　　　　　　　　　　　　　（いる）

4. 落とした財布が＿＿＿＿＿＿＿＿＿＿＿＿＿＿＿本当によかったです。
　　　　　　　　　　　　　（見つかる）

7　「～たらどうですか」を使って書きなさい。

1. A　どうしたんですか。
　　B　願書の書き方がわからないんです。

　　A　＿＿＿＿＿＿＿＿＿＿＿＿＿＿＿＿＿＿＿＿＿＿＿＿＿＿＿＿＿＿

2. A　最近、疲れているようですね。

　　B　ええ。アルバイトが忙しくて…。

　　A　＿＿＿＿＿＿＿＿＿＿＿＿＿＿＿＿＿＿＿＿＿＿＿＿＿＿＿＿＿＿

3. A　日本語が上手にならなくて困っているんです。

　　B　＿＿＿＿＿＿＿＿＿＿＿＿＿＿＿＿＿＿＿＿＿＿＿＿＿＿＿＿＿＿

8 本文1と本文2を読んで、正しいものには○、正しくないものには×を
つけなさい。

1.　（　　　）高田広美さんが陸上を始めたのは、高校生のころです。

2.　（　　　）広美さんは高校生の時、毎日練習しかしませんでした。

3.　（　　　）広美さんは高校生の時、楽しくお皿を洗ったり、洗濯をしたりしていました。

4.　（　　　）広美さんは、マラソン選手になろうと思って、体育大学に進学しました。

5.　（　　　）広美さんがマラソン選手になることに、広美さんのご両親は反対しました。

お待たせしてすみませんでした。

 2-31

走れば間に合いそうです。

（地下鉄の駅の出口で）

安部　遅くなってすみません。

富士川　いいえ。でも、どうしたんですか。

安部　霞ケ関で間違えて反対方向へ行く電車に乗ってしまったんです。

富士川　そうですか。

安部　あわてて次の駅で降りたんですが、次の電車が

　　　すぐに来なくて…。

富士川　それは大変でしたね。

安部　本当にお待たせしてすみませんでした。

富士川　いいえ。さあ、急ぎましょう。

安部　講演会は7時からですか。

富士川　ええ。

安部　会場は近いんですか。

富士川　ええ、歩いて5分ぐらいです。

安部　じゃ、今、56分だから、走れば間に合いそうですね。

富士川　ええ。

読めそうです。
読めそうにありません。

(1) マリー　この本は漢字が少ないから、
　　　　　　私にも読めそうです。

(2) （駅のホームで）
　　A　あまり込んでいませんね。
　　B　そうですね。座れそうですね。

(3) （学生会館で）

    A　そのレポートはいつまでに出さなくてはいけないんですか。

    B　明日の 10 時までです。

    A　そうですか。だいじょうぶですか。

    B　ええ、今晩がんばれば間に合いそうです。

(4) （電話で）

    先生　ボビーさん、明日は学校に来られますか。

    ボビー　いいえ、まだ熱があるので、

          明日は行けそうにありません。

(5) **A**　ケーキ、もう少しいかがですか。

    B　ありがとうございます。でも、おなかがいっぱいで

       食べられそうにないので…。

  ※　先生　この論文を読んでみませんか。

    マリー　えっ、日本語の論文ですか。

       私には読めそうもありません。

a. 例のように言いましょう。

 **A** 遅くなってすみません。

B いいえ。でも、どうしたんですか。

A 反対方向へ行く電車に乗ってしまったんです。

B そうですか。

A 次の駅で降りたんですが、電車がすぐに来なくて…。

B それは大変でしたね。

A 本当にどうもすみませんでした。

1. 財布を忘れる／取りに帰る／すぐに見つからない

2. 駅の出口を間違える／駅員さんに聞く／よくわからない

3. 事故で電車が止まる／タクシーに乗る／道が込んでいる

謝り方

2-33

録音させていただきたいんですが。

（講演会の受付で）

富士川　すみません。講演会はもう始まっていますか。

受付の人　いいえ。ちょうど今始まるところです。どうぞお急ぎください。

富士川　あのう、今日の講演を録音させていただきたいんですが…。

受付の人　申し訳ありませんが、録音はできないことになっていますので…。

富士川　そうですか。わかりました。

（会場で）

安部　前の方は、もういっぱいですね。

富士川　そうですね。座れそうにありませんね。

安部　じゃあ、この辺に座りましょうか。

富士川　ええ。

2

こうえんかい
講演会はもう始まっ**ています**か。

(1) **A**　すみません。昨日頼んだ写真はもうできていますか。

　　B　はい、できていますよ。

(2) **A**　安部さんはもう来ていますか。

　　B　いいえ、まだ来ていません。

(3) **A**　昨日のコンサート、間に合いましたか。

　　B　それが、反対方向へ行く電車に
　　　　乗ってしまって…。会場に着いた時、
　　　　コンサートはもう終わっていたんです。

3

ちょうど今**始まるところ**です。

(1) 良子　ただいま。

　　母　おかえりなさい。ちょうどよかったわ。
　　　　これから晩ごはんを食べるところよ。

(2) **A**　そのはさみ、貸して。

　　B　ごめん、これから使うところなんだ。

(3) **A**　このそうじ機、片付けましょうか。

　　B　いえ、今からそうじをするところだから
　　　　置いといてください。

4　今日の講演を録音させていただきたいんですが…。

（1）　**A**　すみません。このコピー機を使わせて
　　　　いただきたいんですが…。
　　　B　ええ、どうぞ。

（2）　**A**　すみません。今日のファッションショーの写真を撮らせていただき
　　　　たいんですが…。
　　　B　申し訳ありませんが、写真撮影はできないことになって
　　　　いますので…。

b. 例のように言いましょう。

2-34

> **例**　**A**　あのう、すみません。
> 　　　**B**　はい。
> 　　　**A**　今日の講演を録音させていただきたいんですが…。
> 　　　**B**　ええ、どうぞ。

1. 今日早く帰る

2. ここにかばんを置く

3. 会議室を使う

4. 明日、休む

5. 今日のスピーチ大会を録画する

仕事が忙しくなければ行きます。

（帰りの電車の中で）

安部　今日の講演はとてもわかりやすかったですね。

富士川　そうですね。

安部　経済問題は本当に複雑で、今まで、いくら

本を読んでもよくわからなかったんです。

富士川　そうですか。

安部　でも、今日の先生の話はとてもよくわかりました。

富士川　そうですね。あのう、これ、今日の先生が書いた本なんですが、

読みましたか。

安部　いいえ。『わかりやすい経済』ですか。

富士川　読んでみますか。

安部　ええ。

富士川　じゃ、どうぞ。私はもう読んでしまいましたから。

安部　ありがとうございます。週末に読んで月曜日に返します。

富士川　いつでもいいですよ。ゆっくり読んでください。

安部　はい。

富士川　ところで、来週の木曜日の夜、別の経済セミナーがあるんで
すが、いっしょに行きませんか。

安部　ええ、その日仕事が忙しくなければ行きます。

5 いくら読んでもわかりません。

(1) **A** ゴルフは上手になりましたか。
　　 B いいえ、いくら練習しても上手にならないんです。

(2) **A** 富士川さんに連絡しましたか。
　　 B いいえ。いくら電話をかけても出ないんです。

(3) **A** 録音できなかったんですか。
　　 B ええ、受付の人にどんなに頼んでもだめだったんです。

6 もう読んでしまいました。

(1) 日曜日に友達とハイキングに行く約束をしたので、土曜日に全部
宿題をしてしまうつもりです。

(2) 幸子　今忙しい？ちょっと台所へ来てくれない？
　　 一郎　この手紙を書いてしまったらすぐ行くよ。

(3) **A** もうすぐ3時ですね。休憩しませんか。

    B そうですね。でも、もうちょっとだから、
    やってしまいましょう。

7　いつ**でも**いいです。

(1) **A** いつこの本を返せばいいですか。

    B いつでもいいです。ゆっくり読んでください。

(2) **A** コーヒーと紅茶とどちらのほうがいいですか。

    B どちらでもけっこうです。

(3) **A** どこで会いましょうか。

    B 新宿ならどこでもいいです。

(4) **A** 何を食べに行きましょうか。

    B 日本料理なら何でもいいです。

8　忙しくなけれ**ば**行きます。

「〜ば」の形

	基本体	〜ば	基本体	〜なければ
い形容詞	高い	高ければ	高くない	高くなければ
	暑い	暑ければ	暑くない	暑くなければ
	※いい	よければ	よくない	よくなければ
動　詞	行く	行けば	行かない	行かなければ
	食べる	食べれば	食べない	食べなければ
	する	すれば	しない	しなければ
	来る	来れば	来ない	来なければ

(1) **A** 顔色が悪いですね。明日は休んだほうがいいんじゃありませんか。

    B 明日の朝起きた時、具合が悪ければ休ませていただきます。

(2) **A** 時計を買うんですか。

    B ええ、あまり高くなければ
買おうと思っています。

(3) **A** 今夜のパーティー、どうしますか。

    B 仕事が早く終われば行きますが、
終わらなければ行きません。

(4) **A** 日曜日のハイキング、楽しみですね。

    B そうですね。

    A ところで、お弁当はどうしますか。

    B 時間があれば作りますが、なければ買います。

練習問題

1　＿＿にひらがなをひとつ書きなさい。

1.　この本＿＿漢字＿＿少ないから、私＿＿＿＿読めそうです。

2.　新宿＿＿間違えて反対方向＿＿行く電車＿＿乗ってしまいました。

3.　日曜日＿＿友達＿＿ハイキング＿＿行く約束をした＿＿＿＿土曜日＿＿全部
　　宿題＿＿してしまうつもりです。

4.　A　何＿＿書くもの＿＿貸していただけませんか。

　　B　ええ、いいですよ。ボールペン＿＿えんぴつ＿＿どちらのほう＿＿
　　　　いいですか。

　　A　どちらでもけっこうです。

2　（　　）の言葉を適当な形にして＿＿に書きなさい。

1.　A　遅くなってすみません。講演まで10分しかありませんね。
　　B　ええ。でも、会場まで近いから、走れば＿＿＿＿＿＿＿＿＿＿＿＿＿＿よ。
　　　　　　　　　　　　　　　　　　　　　　　　　（間に合う）

2.　この論文はやさしいから私にも＿＿＿＿＿＿＿＿＿＿＿＿＿＿＿＿＿＿
　　　　　　　　　　　　　　　　　　　　　　　（読める）

3.　今日の宿題は多くて全部＿＿＿＿＿＿＿＿＿＿＿＿＿＿＿＿＿＿
　　　　　　　　　　　　　　　　　　　（できる）

4.　先生　　もしもし、ボビーさん、風邪はどうですか。明日学校へ来られますか。

　　　ボビー　　今も熱があるんです。明日もまだ＿＿＿＿＿＿＿＿＿＿＿＿＿＿＿

　　　　　　　　　　　　　　　　　　　　　　　　　（行ける）

5.　隣の赤ちゃんがうるさくて＿＿＿＿＿＿＿＿＿＿＿＿＿＿＿＿＿＿＿＿

　　　　　　　　　　　　　　　　　（寝られる）

3　＿＿の中から適当な言葉を選んで＿＿に書きなさい。

1.　A　＿＿＿＿＿＿＿＿＿で会いましょうか。

　　B　＿＿＿＿＿＿＿＿＿いいです。

2.　A　＿＿＿＿＿＿＿＿＿へ行きますか。

　　B　静かなところなら＿＿＿＿＿＿＿＿＿いいです。

| どこ |
| どこも |
| どこでも |

3.　A　＿＿＿＿＿＿＿＿＿が食べたいですか。

　　B　私は＿＿＿＿＿＿＿＿＿いいです。

4.　A　ディズニーランドで何か買いましたか。

　　B　いいえ、＿＿＿＿＿＿＿＿＿買いませんでした。

| 何 |
| 何も |
| 何でも |

5.　A　コーヒーと紅茶と＿＿＿＿＿＿＿＿＿のほうがいいですか。

　　B　＿＿＿＿＿＿＿＿＿けっこうです。

6.　A　漢字で書きましょうか、ひらがなで書きましょうか。

　　B　＿＿＿＿＿＿＿＿＿けっこうです。

| どちら |
| どちらも |
| どちらでも |

7.　A　電車のほうが速いですか、

　　　タクシーのほうが速いですか。

　　B　＿＿＿＿＿＿＿＿＿同じぐらいです。

8. A この本_{ほん}、とてもよかったわよ。よかったら読_よんでみなさい。

   B おもしろそうね。ありがとう。いつ返_{かえ}せばいい？

   A ＿＿＿＿＿＿＿＿＿いいわよ。

9. A ＿＿＿＿＿＿＿＿＿か暇_{ひま}な時_{とき}に、

   うちへ遊_{あそ}びに来_きてください。

   B ありがとうございます。

いつ
いつも
いつでも

4 正_{ただ}しいものに○をつけなさい。

1. A 講演_{こうえん}はもう始_{はじ}まっていますか。

   B いいえ、まだです。

   ちょうど今_{いま}
   { a. 始_{はじ}まったところ / b. 始_{はじ}まるところ / c. 始_{はじ}まっているところ }
   ですからお急_{いそ}ぎください。

2. A もうごはんを食_たべましたか。

   B いいえ。これから
   { a. 食_たべに行_いったところ / b. 食_たべに行_いくところ / c. 食_たべに行_いっているところ }
   です。

   よかったらいっしょに行_いきませんか。

3. A 田中_{たなか}さん、いますか。

   B 今_{いま}
   { a. 帰_{かえ}ったところ / b. 帰_{かえ}るところ / c. 帰_{かえ}っているところ }
   です。さっきまでいたんですけど。

4. 一郎_{いちろう}　ごはん、できた？

   幸子_{さちこ}　今_{いま}
   { a. 作_{つく}ったところ / b. 作_{つく}るところ / c. 作_{つく}っているところ }
   だから、

   もうちょっと待_まって。

5 例のように　　　　の言葉を適当な形にして＿＿に書きなさい。

> 例　この本は難しくて＿＿いくら読んでもわかりません。

1. 日本語の発音は難しくて、＿＿＿＿＿＿＿＿＿＿＿＿＿＿＿＿＿＿＿＿

2. A　財布、見つかりましたか。

　　B　いいえ。＿＿＿＿＿＿＿＿＿＿＿＿＿＿＿＿＿＿＿＿＿＿＿＿＿＿

3. A　この問題の答え、わかりましたか。

　　B　いいえ。＿＿＿＿＿＿＿＿＿＿＿＿＿＿＿＿＿＿＿＿＿＿＿＿＿＿

　　　考える・・・　　　練習する　　　　読む・・・・・　捜す

6　　　　の言葉を使って、例のように書きなさい。

> 例　A　授業はもう＿始まっていますか。
> 　　B　はい、＿始まっています。

1. A　コンサートはもう＿＿＿＿＿＿＿＿＿＿＿＿＿＿＿＿＿＿＿＿＿＿

　　B　いいえ、＿＿＿＿＿＿＿＿＿＿＿＿＿＿＿＿＿＿＿＿＿＿＿＿＿＿

2. A　アルンさんはもう＿＿＿＿＿＿＿＿＿＿＿＿＿＿＿＿＿＿＿＿＿＿

　　B　ええ、＿＿＿＿＿＿＿＿＿＿＿＿＿＿＿＿＿＿＿＿＿＿＿＿＿＿＿

3. （写真屋で）

　　客　小野ですが、写真はもう＿＿＿＿＿＿＿＿＿＿＿＿＿＿＿＿＿＿

　　店員　はい、＿＿＿＿＿＿＿＿＿＿＿＿＿＿＿＿＿＿＿＿＿＿＿＿＿

　　　できる　　　　　始まる・・・・・・・　来る

7 [　　　]の言葉を使って書きなさい。

1. ［いい］　　A　風邪、だいじょうぶですか。明日、来られますか。

　　　　　　　B　ええ。明日気分が＿＿＿＿＿＿ば来ますが、

　　　　　　　　　＿＿＿＿＿＿ば電話します。

2. ［正しい］　次の文が＿＿＿＿＿＿ば○、＿＿＿＿＿＿ば×を書きなさい。

3. ［近い］　　A　アルンさんのうちまで歩いて行きますか。

　　　　　　　B　駅から＿＿＿＿＿＿ば歩いて行って、

　　　　　　　　　＿＿＿＿＿＿ばタクシーで行きませんか。

4. ［安い］　　＿＿＿＿＿＿ば買いますが、＿＿＿＿＿＿ば買いません。

8 正しいものに○をつけなさい。

1. A　この本おもしろそうですね。

　　B　ええ。おもしろかったですよ。

　　　　私はもう　　a. 読んでしまいました
　　　　　　　　　b. 読んでいます　　　　から貸しましょうか。
　　　　　　　　　c. 読みます

2. 夏休みに旅行をするので、早く宿題を　　a. してみる
　　　　　　　　　　　　　　　　　　　　b. してしまう　　つもりです。
　　　　　　　　　　　　　　　　　　　　c. してある

3. このカレーは辛すぎて、全部　　a. 食べられるかもしれません。
　　　　　　　　　　　　　　　　b. 食べられてしまいました。
　　　　　　　　　　　　　　　　c. 食べられそうにありません。

4. *A*　この辞書、借りてもいいですか。

B　すみません。今　

- a. 使っているところなんです。
- b. 使ってしまったんです。
- c. 使ってみたんです。

9　＿＿＿に適当な言葉を書きなさい。

（地下鉄の駅の出口で）

安部　＿＿＿＿＿＿＿＿＿＿＿＿＿＿＿＿＿

富士川　いいえ。でも、どうしたんですか。

安部　霞ケ関で間違えて反対方向へ行く電車に＿＿＿＿＿＿＿＿＿＿＿

＿＿＿＿＿＿＿＿＿＿＿＿＿＿＿

富士川　そうですか。

安部　あわてて次の駅で＿＿＿＿＿＿＿＿＿＿＿＿＿、次の電車が

すぐに＿＿＿＿＿＿＿＿＿＿＿＿＿

富士川　それは大変でしたね。

安部　本当に＿＿＿＿＿＿＿＿＿＿＿＿＿＿

富士川　いいえ。さあ、急ぎましょう。

36 先輩にいろいろなことをさせられました。

2-36

部室（ぶしつ）のそうじをさせられました。

鈴木一郎（すずきいちろう）　４月から大学生ですね。

チン　ええ。大学に入ったら、サッカー部（ぶ）に入ろうと
思っているんです。

鈴木（すずき）　へえ！ 僕も大学のころ、サッカーをやっていたんで
すよ。

チン　そうですか。

鈴木（すずき）　サッカーはおもしろいけど、体育系（たいいくけい）のクラブは
大変ですよ。特に新入生は先輩にいろいろなことを
させられるから…。

チン　どんなことをさせられるんですか。

鈴木（すずき）　毎日、練習の後で、先輩のユニフォームを洗わせられ
たり、部室（ぶしつ）のそうじをさせられたり…。

チン　へえ、新入生は大変なんですね。

鈴木（すずき）　でも、楽しいこともありますよ。

クラブに入ると、日本人の友達もたくさんできるし…。

チン　そうですか。

鈴木　日本にいるうちに、いろいろな経験をしてみるといいと
　　　思いますよ。

文型 → sentence pattern

新入生は、先輩にいろいろなことをさせられます。

使役受身形

使役形		使役受身形
洗わせる	→	洗わせられる
行かせる	→	行かせられる
食べさせる	→	食べさせられる
させる	→	させられる
来させる	→	来させられる

(1) 私は小学校の時、よく宿題を忘れて
　　先生に立たせられました。

(2) セールスマンに高い英語の教材を
　　買わせられてしまいました。

(3) 京子さんは、ご両親にお見合いをさせられたそうです。

2 日本にいるうちにいろいろな経験をしてみたらどうですか。

(1) A　どうぞ、熱いうちに召し上がってください。
　　 B　いただきます。

(2) A　ちょっと早いですが、お昼ごはんを食べに行きませんか。
　　 B　そうですね。食堂が込まないうちに行きましょう。

(3)　　　山田先生　　肉が固くならないうちに火を止めてください。

アシスタント　　はい。

(4) 学生のうちにいろいろな外国語を
勉強しようと思っています。

a. 絵を見て例のように言いましょう。

例　先生に立たせられました。

1. お皿を洗う

2. そうじをする

3. にんじんを食べる

注文してあります。

（サッカー部の部室で）

チン　先輩、今日の試合、本当にいい試合でしたね。

　　　感動しました。

先輩　うん。みんな、最後までよくがんばったよ。

　　　あ、そろそろみんなが来る時間だけど、準備できた？

　　　おすしは？

チン　注文してあります。もうすぐ来ると思います。

先輩　飲み物は？

チン　冷やしてあります。お皿とコップも準備してあります。

先輩　あれ？　おはしは？

チン　あそこに置いてあります。

先輩　じゃ、これで準備できたね。

文型 →sentence pattern

3 注文してあります。

（1）**A** 今晩は銀河亭（ぎんがてい）で食事をしましょうよ。

　　B でも、あそこは込んでいるんじゃありませんか。

　　A 予約してあるからだいじょうぶです。

（2）浩二（こうじ）　今日はお姉ちゃんの誕生日だね。ケーキは？

　　　母　もちろん、買ってあるわよ。

（3）（講演会の会場で）

　　A これで準備はいいですね。

　　B そうですね。マイクもあるし。

　　A あ、テープレコーダーも必要ですね。
　　　　テープレコーダーは？

　　B 準備してあります。

　　A え、どこですか。

　　B あそこに置いてあります。

b. 絵を見て例のように言いましょう。

1.（レストランで）… 店の準備

2. （会社で）…（社長の）出張の準備

練習問題

1 表を完成しなさい。

辞書形	グループ	使役受身形	辞書形	グループ	使役受身形
行く			食べる		
飲む			言う		
立つ			洗濯する		
洗う			覚える		
読む			来る		
買う			走る		
書く			習う		

2 ＿＿＿にひらがなをひとつ書きなさい。

1. 学生＿＿＿うちに、いろいろな国＿＿＿行ってみたいです。

2. A 店＿＿＿準備＿＿＿できた？

   B はい。

   A 材料＿＿＿？

   B 準備してあります。

3. A マイクはどこですか。

   B あそこ＿＿＿置いてあります。

3 質問に答えなさい。

1. 中島さんはセールスマンに高い本を買わせられました。

   1) 誰が本を買いましたか。 ________________________________

   2) 誰が本を買わせましたか。 ________________________________

2. アルンさんは大学院で難しい本を読ませられています。

   1) 誰が難しい本を読んでいますか。 ________________________________

   2) 誰が難しい本を読ませられていますか。 ________________________________

4 絵を見て例のように書きなさい。

> 例 太郎　先生____に____立たせられました。

1. 一郎　幸子____お皿を

____

2. 子供　母____ピアノを

____

3. 子供　父____

____

4. セールスマン____高い英語の教材を

____

5. 選手　監督____

____

5 ┃┃┃┃ の中の言葉を適当な形にして____に書きなさい。

1. コーヒーが______________________うちにどうぞ。

2. ______________________うちに勉強しておいたほうがいいですよ。

3. 日本に______________________うちに歌舞伎を見たいです。

4. 友達が______________________うちに、そうじをしておきましょう。

5. 授業が______________________うちに、教室へ行きましょう。

始まる	来る	いる	熱い	若い	いい

6 田中社長は今度アメリカへ行きます。旅行の準備ができたものと、できていないものがあります。メモを見て質問に答えなさい。

社長　パスポートは？

秘書　はい、とってあります。

社長　ホテルの予約は？

秘書　いいえ、まだです。

社長　飛行機の切符は？

秘書　_______________________

社長　ビザは？

秘書　_______________________

1 正しいものに○をつけなさい。

鈴木一郎　４月から大学生ですね。

チン　ええ。大学に
- a. 入ると
- b. 入れば
- c. 入ったら

サッカー部に入ろうと思っているんです。

鈴木　へえ！僕も大学のころ、サッカーをやっていたんですよ。

チン　そうですか。

鈴木　サッカーはおもしろい
- a. のに
- b. けど
- c. から

体育系のクラブは大変ですよ。

でも、クラブに
- a. 入るなら
- b. 入って
- c. 入ると

日本人の友達もたくさんできますよ。

チン　そうですか。

鈴木　日本にいる
- a. うちに
- b. までに
- c. 前に

いろいろな経験をしてみるといいと思いますよ。

1 て形

（　　）の言葉を適当な形にして＿＿＿に書きなさい。

1) | 　～てみます。（☞ 19 課－文型 2）

・この靴を＿＿＿＿＿＿＿＿＿＿＿もいいですか。
（はく）

2) | 　～てしまいました。（☞ 19 課－文型 3）

・子供が＿＿＿＿＿＿＿＿＿＿＿
（いなくなる）

3) | 　～ています。（☞ 19 課－文型 6）

・伸ちゃんは、赤いシャツを＿＿＿＿＿＿＿＿＿＿＿
（着る）

4) | 　～ても、＿＿＿。（☞ 26 課－文型 1）

・このコップは＿＿＿＿＿＿＿＿＿＿＿割れません。
（落とす）

5) | 　～ています。（☞ 27 課－文型 1）

・箱のふたに、中に＿＿＿＿＿＿＿＿＿＿＿物の名前を書いてください。
（入る）

6) | 　～ておきます。（☞ 27 課－文型 2）

・人の家を訪問する時はあらかじめ電話を＿＿＿＿＿＿＿ほうがいいです。
（する）

7) ～てくれます。(☞ 28 課－文型 1)

・先週 遊園地で、京子さんが写真を＿＿＿＿＿＿＿＿＿＿＿＿＿＿
　　　　　　　　　　　　　　　　　　　　　　　　　　　（撮る）

・私の姉は、いつも私の英語の宿題を＿＿＿＿＿＿＿＿＿＿＿＿＿＿
　　　　　　　　　　　　　　　　　　　　　　　　　　　（みる）

8) ～てもらいます。(☞ 28 課－文型 2)

・私は先週パクさんに韓国料理の作り方を＿＿＿＿＿＿＿＿＿＿＿＿
　　　　　　　　　　　　　　　　　　　　　　　　　　　（教える）

9) ～てあげます。(☞ 28 課－文型 4)

・良子　去年、武さんの誕生日にセーターを＿＿＿＿＿＿＿＿＿＿＿
　　　　　　　　　　　　　　　　　　　　　　　　　　　（編む）

・お母さんは毎日伸ちゃんに本を＿＿＿＿＿＿＿＿＿＿＿＿＿＿＿＿
　　　　　　　　　　　　　　　　　　　　　　　　　　　（読む）

10) ～てくださいます。(☞ 29 課－文型 2)

・昨日、先生がクラスメートの手紙を＿＿＿＿＿＿＿＿＿＿＿＿＿＿
　　　　　　　　　　　　　　　　　　　　　　　　　（持って来る）

11) ～ていただきます。(☞ 29 課－文型 2)

・A　いい辞書ですね。どこで買ったんですか。
　B　これは買ったんじゃなくて、先生に＿＿＿＿＿＿＿＿＿＿＿んです。
　　　　　　　　　　　　　　　　　　　　　　　　　　　（貸す）

12) ～ていただけませんか。(☞ 30 課－文型 3)

・すみませんが、ドアを＿＿＿＿＿＿＿＿＿＿＿＿＿＿
　　　　　　　　　　　　　　　　　　　　　　（閉める）

13)　　〜てあります。（☞ 32 課－文型 1）

・箱の横に「こわれ物」と＿＿＿＿＿＿＿＿＿＿＿＿＿＿＿＿

　　　　　　　　　　　　　　　　　　　（書く）

14)　　〜て＿＿＿。（☞ 34 課－文型 3）

・漢字が＿＿＿＿＿＿＿＿＿＿＿＿＿＿＿＿困っています。

　　　　　　　（覚えられない）

15)　　〜ています。（☞ 35 課－文型 2）

・私が会場に着いた時、コンサートはもう＿＿＿＿＿＿＿＿＿＿＿＿

　　　　　　　　　　　　　　　　　　　（始まる）

16)　　いくら〜ても＿＿＿。（☞ 35 課－文型 5）

・いくらテープを＿＿＿＿＿＿＿＿＿＿＿＿＿＿＿わかりません。

　　　　　　　　　　　　（聞く）

17)　　〜てしまいます。（☞ 35 課－文型 6）

・明日ハイキングに行くので、今日宿題を全部＿＿＿＿＿＿＿＿＿つもりです。

　　　　　　　　　　　　　　　　　　　（する）

・A　この本、借りてもいいんですか。
　B　ええ。私はもう＿＿＿＿＿＿＿＿＿＿＿＿＿＿＿から。

　　　　　　　　　　　　（読む）

18)　　〜てあります。（☞ 36 課－文型 3）

・テープレコーダーはあそこに＿＿＿＿＿＿＿＿＿＿＿＿＿＿

　　　　　　　　　　　　　　　　　　　（置く）

2　「～た」を使う形

（　　）の言葉を適当な形にして＿＿に書きなさい。

1) ～たほうがいいです。（☞ 21 課－文型 2）

・夏休みに北海道へ行くなら、早く切符を＿＿＿＿＿＿＿＿＿＿
（予約する）

2) ～たことがあります。（☞ 22 課－文型 2）

・A　エレクトーンを＿＿＿＿＿＿＿＿＿＿か。
（習う）

　B　いいえ、ありません。

3) ～たまま＿＿。（☞ 27 課－文型 4）

・日本では、靴を＿＿＿＿＿＿＿＿＿＿うちに上がってはいけません。
（はく）

4) ～たら＿＿。（☞ 31 課－文型 3）

・京都に＿＿＿＿＿＿＿＿＿＿電話をしてください。
（着く）

5) ～たら、＿＿。（☞ 32 課－文型 5）

・うちへ＿＿＿＿＿＿＿＿＿＿国の両親から手紙が来ていました。
（帰る）

6) ～たらどうですか。（☞ 34 課－文型 4）

・顔色が悪いですよ。今日は、早く家へ＿＿＿＿＿＿＿＿＿＿
（帰る）

1.

1)
~間、____。（☞ 19 課 – 文型 4）
~間 に、____。（☞ 19 課 – 文型 4）

・試着している間、ここで待っていてください。
・試着している間に、子供がいなくなってしまったんです。

2)
~はずです。（☞ 19 課 – 文型 5）

・A　チンさんはもう帰りましたか。
　B　いいえ、かばんがあるからまだいるはずです。

3)
~と、____。（☞ 19 課 – 文型 8）

・ここをまっすぐ行くと、エスカレーターがあります。

4)
~つもりです。（☞ 20 課 – 文型 2）

・来年、大学で経営学の勉強をするつもりです。

5)
~かどうか____。（☞ 20 課 – 文型 3）
いつ~か____。（☞ 20 課 – 文型 4）

・A　今度のテストは易しいでしょうか。
　B　さあ。易しいかどうかわかりません。
・A　今度のテストはいつでしょうか。
　B　いつかわかりません。先生に聞いてみましょう。

6)
____＋名詞（☞ 21 課 – 文型 5）

・これは私が子供の時にかいた絵です。

7) 　～ことができます。（☞ 22 課－文型 6）

　～ことはできません。（☞ 22 課－文型 6）

・学生はＬ．Ｌ．教室を自由に使う**ことができます**。

・ここでたばこを吸う**ことはできません**。

8) 　～ようになりました。（☞ 24 課－文型 1）

・前はあまり料理をしませんでしたが、最近はよくする**ようになりました**。

9) 　～けど、＿＿＿。（☞ 25 課－文型 5）

・A　財布、あった？

　B　ううん。捜した**けど**、ないんだ。

10) 　～んじゃなくて＿＿＿。（☞ 26 課－文型 2）

・A　そのケーキはどこで買ったんですか。

　B　これは買った**んじゃなくて**、作ったんです。

11) 　～ことがあります。（☞ 26 課－文型 3）

・この薬を飲むと眠くなる**ことがあります**。

12) 　～ように＿＿＿。（☞ 27 課－文型 3）

・友達の電話番号を忘れない**ように**、メモしておきます。

13) 　～時、＿＿＿。（☞ 28 課－文型 3）

・ディズニーランドへ行く**時**、東京駅でフィルムを買いました。

・ディズニーランドへ行った**時**、写真をたくさん撮りました。

14)　〜ところです。（☞ 29 課－文型 3、33 課－文型 3、35 課－文型 3）

・A　昼ごはん、もう食べましたか。

　B　ええ、今食べた**ところ**です。

・A　あのう、辞書を貸していただけませんか。

　B　すみません、今使っている**ところ**なんです。

・A　映画はもう始まりましたか。

　B　いいえ、これから始まる**ところ**です。

15)　〜ようにしています。（☞ 29 課－文型 4）

・健康のために、休みの日にスポーツをする**ようにしています**。

16)　〜ことにします。（☞ 31 課－文型 2）

・タクシーで行くと高いので、モノレールで行く**ことにしました**。

17)　〜なら、＿＿＿。（☞ 31 課－文型 1）

・九州へ行く**なら**、飛行機が便利ですよ。

18)　〜ことになっています。（☞ 31 課－文型 4）

・図書館では、かばんはロッカーに入れる**ことになっています**。

19)　〜ようです。〜みたいです。（☞ 32 課－文型 5）

・田中さんは最近忙しい**ようです**。電話をしても、いつもいません。

20)　〜のに、＿＿＿。（☞ 32 課－文型 3）

・一生懸命練習している**のに**、上手になりません。

21) | ～ために＿＿。(☞ 33 課－文型 5) |

・日本語を勉強する**ために**日本へ来ました。

22) | ～うちに＿＿。(☞ 36 課－文型 2) |

・日本にいる**うちに**いろいろな経験をしたいです。

2. 正しいものに○をつけなさい。

1) 授業が終わる
{ a. まで / b. までに / c. うちに }
ここにいてください。

2) 昨日は雨が降っていた
{ a. ので / b. のに }
出かけませんでした。

3) チンさんは勉強する時間があまり
{ a. ないようです。 / b. ないのようです。 / c. ないつもりです。 }

毎日アルバイトをしていると言っていましたから。

4) あの人は
{ a. 日本人なのに / b. 日本人なので }
漢字が読めません。

5) A 東都大学には何人ぐらい留学生がいるでしょうか。
B { a. 何人ぐらいいるかどうか / b. 何人ぐらいいるか }
わかりません。

6) 日本にいる
{ a. うちに / b. 間に / c. 間 }
ずっと学生会館に住んでいました。

7) 田中さんは10年フランスに住んでいるから、フランス語が
{ a. わかるつもりです。
  b. わかるはずです。
  c. わかるところです。

8) ここをまっすぐ
{ a. 行くと
  b. 行って
  c. 行くなら }
右側に銀行があります。

9) 来年、帰国して父の会社を
{ a. 手伝うようにしています。
  b. 手伝うつもりです。
  c. 手伝うところです。

10) 学生はL.L.教室を自由に
{ a. 使うことができます。
  b. 使うことになります。
  c. 使うようにします。

11) 前はあまり料理をしませんでしたが、最近は
{ a. するつもりです。
  b. するようにします。
  c. するようになりました。

12) A 吉田さんに連絡した？

B ううん。電話した
{ a. ので
  b. けど
  c. から }
いないんだ。

13) A そのかばん、どこで買ったの？

B これは
{ a. 買ったじゃなくて
  b. 買ったんじゃないで
  c. 買ったんじゃなくて }
もらったんだ。

14) 電池の入れ方を間違えると、
{ a. こわれることがあります。
  b. こわれることになっています。
  c. こわれることにします。

15) わからない言葉がすぐ { a. 調べられるように / b. 調べるように } いつも辞書を持っています。

16) アンジニさんのお見舞いに { a. 行く時 / b. 行った時 } 花屋で花を買いました。

17) A ねえ、はさみ、貸して。

B ごめん、今 { a. 使ったところ / b. 使っているところ } なんだ。

18) 私は毎日10個、漢字を { a. 覚えることになっています。 / b. 覚えるようにしています。 / c. 覚えることがあります。 }

19) アルン ワンさんは、文化祭で何をするんですか。

ワン 私は友達と歌を { a. 歌うことにしました。 / b. 歌うことができます。 / c. 歌うことがあります。 }

20) A 今度、箱根に紅葉を見に行こうと思っているんです。

B 連休に { a. 行く時 / b. 行くのに / c. 行くなら } 早く切符を予約したほうがいいですよ。

21) (コンサートの会場で)

客 あのう、写真を撮らせていただきたいんですが…。

係員 申し訳ありませんが、撮影は { a. しないことになっていますので…。 / b. しないことがありますので…。 / c. できないことになっていますので…。 }

22) マリー デザインの勉強を { a. できるために / b. するために } 日本へ来ました。

23) 寒くならない　$\left\{\begin{array}{l}\text{a. うちに}\\\text{b. 間に}\\\text{c. ために}\end{array}\right\}$　エアコンを買っておいたほうがいいですよ。

24) おなかが痛い　$\left\{\begin{array}{l}\text{a. のに}\\\text{b. けど}\\\text{c. ので}\end{array}\right\}$　うちへ帰ってもいいですか。

25)　A　東京の生活環境をどう思いますか。

　　B　$\left\{\begin{array}{l}\text{a. いいだ}\\\text{b. よく}\\\text{c. いい}\end{array}\right\}$　と思います。

26)　私は洋服を　$\left\{\begin{array}{l}\text{a. 作るの}\\\text{b. 作ります}\\\text{c. 作って}\end{array}\right\}$　が好きです。

27)　授業がよく　$\left\{\begin{array}{l}\text{a. わかりません}\\\text{b. わからない}\\\text{c. わかって}\end{array}\right\}$　時は、友達に聞きます。

28)　ごはんを　$\left\{\begin{array}{l}\text{a. 食べる}\\\text{b. 食べました}\\\text{c. 食べた}\end{array}\right\}$　後に、この薬を飲んでください。

29)　A　どうしたんですか。眠そうですね。

　　B　昨日宿題がたくさんあって、$\left\{\begin{array}{l}\text{a. 寝られなかったんです。}\\\text{b. 寝られないんです。}\\\text{c. 寝られませんでしたんです。}\end{array}\right.$

30)　A　明日の天気はどうでしょうか。

　　B　たぶん　$\left\{\begin{array}{l}\text{a. 晴れて}\\\text{b. 晴れる}\\\text{c. 晴れた}\end{array}\right\}$　だろうと思います。

4 ます形

（　　）の言葉を適当な形にして＿＿に書きなさい。

1)　お〜ください。（☞21課－文型4）

　・どうぞ＿＿＿＿＿＿＿＿＿＿＿＿＿＿＿＿＿

　　　　　　　　（かける）

2)　〜そうです。（☞23課－文型3、35課－文型1）

　・空が暗いです。雨が＿＿＿＿＿＿＿＿＿＿＿＿＿

　　　　　　　　　　　（降る）

3)　〜そうにありません。（☞35課－文型1）

　・このカレーは辛すぎて、とても＿＿＿＿＿＿＿＿＿＿

　　　　　　　　　　　　　　　（食べられる）

5 「〜ない」を使う形

（　　）の言葉を適当な形にして＿＿に書きなさい。

1)　　**〜なくてはいけません。**（☞ 20 課－文型 5）

・テストの時はきれいな字で＿＿＿＿＿＿＿＿＿＿＿＿＿＿＿＿

（書く）

2)　　**〜ないで＿＿。**（☞ 21 課－文型 1）

・私は今日、朝ごはんを＿＿＿＿＿＿＿＿＿＿＿＿＿＿＿学校へ来ました。

（食べる）

3)　　**〜なくなりました。**（☞ 24 課－文型 2）

・前はよく映画を見ましたが、最近はあまり＿＿＿＿＿＿＿＿＿＿＿＿

（見る）

4)　　**〜なくて＿＿。**（☞ 34 課－文型 3）

・カタカナの言葉が＿＿＿＿＿＿＿＿＿＿＿＿＿＿＿＿困っています。

（覚えられる）

6 **い形容詞とな形容詞**

（　　）の言葉を適当な形にして＿＿に書きなさい。

1)   ～そうです。／～くなさそうです。（☞ 23 課－文型 1）

・良子さんのコートは＿＿＿＿＿＿＿＿＿＿＿＿＿＿＿ね。
　　　　　　　　　　　　　　（暖かい）

・この魚はあまり＿＿＿＿＿＿＿＿＿＿＿＿＿＿＿
　　　　　　　　　　（おいしくない）

2)   ～そうです。／～じゃなさそうです。（☞ 23 課－文型 2）

・このかばんは小さいポケットがたくさんあって、＿＿＿＿＿＿＿＿＿＿＿
　　　　　　　　　　　　　　　　　　　　　　　（便利だ）

・A　この本はどうですか。絵がたくさんあっていいと思いますよ。
　B　でも、知らない言葉があるし、あまり＿＿＿＿＿＿＿＿＿＿＿＿＿
　　　　　　　　　　　　　　　　　　　（簡単じゃない）

3)   ～くします。（☞ 31 課－文型 6）

・すみません。よく聞こえないので、ちょっと音を＿＿＿＿＿＿＿＿＿＿
　ていただけませんか。　　　　　　　　　　（大きい）

7 意志形 （☞第20課−文型1）

（　　）の言葉を適当な形にして＿＿に書きなさい。

・私は来年、大学に＿＿＿＿＿＿＿＿＿＿＿＿＿と思っています。
　　　　　　　　　　　　　　　　（行く）

・日本にいるうちに日本料理を＿＿＿＿＿＿＿＿＿＿と思っています。
　　　　　　　　　　　　　　　　　　（習う）

・日本でファッションの勉強を＿＿＿＿＿＿＿＿＿＿と思っています。
　　　　　　　　　　　　　　　　　　（する）

8 可能形 （☞第22課−文型1）

（　　）の言葉を適当な形にして＿＿に書きなさい。

・パソコンが＿＿＿＿＿＿＿＿＿＿＿
　　　　　　　（使う）

・外国人なら誰でもこの学校に＿＿＿＿＿＿＿＿＿
　　　　　　　　　　　　　　　（入学する）

・漢字が多くてとても＿＿＿＿＿＿＿＿＿ません。
　　　　　　　　　　　（覚える）

・輸送機関が発達したので、最近では生鮮食品も＿＿＿＿＿＿＿ように
なりました。　　　　　　　　　　　　　　　　（送る）

・A　明日、私のうちへ＿＿＿＿＿＿＿＿＿か。
　　　　　　　　　　　（来る）

・B　すみません。明日は忙しいので＿＿＿＿＿＿＿＿ません。
　　　　　　　　　　　　　　　　　　（行く）

9 ばの形 （☞第22課－文型4、第35課－文型8）

（　）の言葉を適当な形にして、＿＿に書きなさい。

・漢字は何回も＿＿＿＿＿＿＿＿＿＿＿＿＿ばすぐ覚えられます。
（書く）

・ちょっと＿＿＿＿＿＿＿＿＿＿＿＿＿ばすぐよくなります。
（休む）

・牛乳が＿＿＿＿＿＿＿＿＿＿＿＿＿ば買っておいてください。
（ない）

・都合が＿＿＿＿＿＿＿＿＿＿＿＿＿ば来てください。
（いい）

10 自動詞と他動詞 （☞第26課）

正しいものに○をつけなさい。

1) 幸子　一郎さん。ちょっとこの窓、{ a. 閉めて / b. 閉まって } くれない？

一郎　いいよ。

一郎　ほら、{ a. 閉めたよ。 / b. 閉まったよ。 }

2) 先生　宿題はもう { a. 出しましたか。 / b. 出ましたか。 }

学生　いいえ、まだです。

3) A　どうしたんですか。

B　電気が{ a. つけないんです。 / b. つかないんです。 }

A　ここを押すと{ a. つけますよ。 / b. つきますよ。 }

4)　　母　健は起きた？

健の弟　ううん。何度{ a. 起きても / b. 起こしても }{ a. 起きないんだ。 / b. 起こさないんだ。 }

11　あげる・くれる・もらう（☞第24課、第25課、第28課、第29課）

1)　大学に合格したので、おばが私＿＿＿プレゼントを{ a. くれました。 / b. あげました。 / c. もらいました。 }

2)　新しいテレビを買ったので、古いテレビは後輩＿＿＿{ a. あげました。 / b. もらいました。 / c. くれました。 }

3)　私は武さんの誕生日にセーターを{ a. 編んでくれる / b. 編んでもらう / c. 編んであげる }つもりです。

4)　A　そうじは終わりましたか。

B　はい。斎藤さんが{ a. 手伝ってあげたんです。 / b. 手伝ってくれたんです。 / c. 手伝ってもらったんです。 }

5)　私が入院した時、西田先生が花を {
a. 持って来ていただきました。
b. 持って来てくださいました。

6)　子供のころ、父はよく私____いろいろなところへ連れて行って
a. くれました。
b. くださいました。
c. あげました。

7)　先日はお忙しいところをわざわざ {
a. 来てあげて
b. 来てくださって
c. 来てもらえて
}
ありがとうございました。

12 敬語（☞ 第 30 課）

例のように敬語を使って書きなさい。

> 例　A　いつうちへ＿＿＿いらっしゃいますか。
> 　　　　　　　　　　　　（来る）
> 　　B　日曜日に＿＿＿うかがいます。
> 　　　　　　　　　　（行く）

1)　A　あれ、雨が降っていますよ。かさを＿＿＿＿＿＿＿＿＿＿か。
　　　　　　　　　　　　　　　　　　　　　　　（持つ）

　　B　すみません。じゃ、＿＿＿＿＿＿＿＿＿＿
　　　　　　　　　　　　　　　　　（借りる）

2)　アルンさんはどこに＿＿＿＿＿＿＿＿＿＿か。
　　　　　　　　　　　　　　　　　（住んでいる）

3)　先生もナプキンを＿＿＿＿＿＿＿＿＿＿か。
　　　　　　　　　　　　　　　　（使う）

4) 由美さんは何時ごろ＿＿＿＿＿＿＿＿＿＿＿＿＿＿か。
（帰る）

5) 渡辺先生を＿＿＿＿＿＿＿＿＿＿＿＿＿か。
（知る）

6) 私は佐々木由美と＿＿＿＿＿＿＿＿＿＿＿＿＿
（言う）

7) 佐々木さんにもサラダを＿＿＿＿＿＿＿＿＿＿＿ましょうか。
（取る）

8) 明日、何時に学校へ＿＿＿＿＿＿＿＿＿＿＿＿か。
（来る）

9) また夜お電話＿＿＿＿＿＿＿＿＿＿＿＿＿
（する）

10) どうぞ＿＿＿＿＿＿＿＿＿＿＿＿＿ください。
（かける）

11) どうぞ＿＿＿＿＿＿＿＿＿＿＿＿＿ください。
（食べる）

12) 雑誌を＿＿＿＿＿＿＿＿＿＿＿＿＿か。
（見る）

13) ちょっと＿＿＿＿＿＿＿＿＿＿＿＿＿が、日本語科の研究室はどちらですか。
（聞く）

13 （　　）の言葉を適当な形にして＿＿に書きなさい。

1. 受身形（☞第32課−文型4、第33課−文型1）

・遅刻して監督に＿＿＿＿＿＿＿＿＿＿＿＿＿ました。
（叱る）

・弟にテープレコーダーを＿＿＿＿＿＿＿＿＿＿＿ました。
（こわす）

・車に＿＿＿＿＿＿＿＿＿＿＿て、けがをしました。
（はねる）

・この工場ではロボットがたくさん＿＿＿＿＿＿＿＿＿＿います。
（使う）

・インスタントラーメンはいろいろな国に＿＿＿＿＿＿＿＿＿ています。
（輸出する）

2. 使役形（☞第34課−文型2、第35課−文型4）

・子供にはたくさん野菜を＿＿＿＿＿＿＿＿＿＿＿ようにしています。
（食べる）

・A　監督は、選手にどんな練習を＿＿＿＿＿＿＿＿＿ているんですか。
（する）

・B　毎日10キロ＿＿＿＿＿＿＿＿＿＿＿ています。
（走る）

・すみません。今日の講演を＿＿＿＿＿＿＿＿＿ていただきたいんですが。
（録音する）

・今日、早く＿＿＿＿＿＿＿＿＿＿＿ていただきたいんですが。
（帰る）

・教室を＿＿＿＿＿＿＿＿＿＿＿ていただきたいんですが。
（使う）

3. 使役受身形（☞第 36 課－文型 1）

・セールスマンに化粧品を＿＿＿＿＿＿＿＿＿＿＿＿＿＿てしまいました。
（買う）

・母に勉強ばかり＿＿＿＿＿＿＿＿＿＿＿＿＿＿て全然遊べません。
（する）

・後輩は、先輩のユニフォームを＿＿＿＿＿＿＿＿＿＿＿＿＿＿たり、
（洗う）

部室の＿＿＿＿＿＿＿＿＿＿＿＿＿＿たりします。
（そうじをする）

4. 正しいものに○をつけなさい。

1) テストの日に先生は学生を早く学校へ
- a. 来られました。
- b. 来させました。
- c. 来させられました。

2) 子供の時、両親にピアノを
- a. 習われました。
- b. 習わせられました。
- c. 習わせました。

3) 赤ちゃんに
- a. 泣かせて
- b. 泣かせられて
- c. 泣かれて
困りました。

4) この学校は 7 年前に
- a. 建てられました。
- b. 建てさせました。
- c. 建てさせられました。

5) 先生に冬休みの日記を
- a. 書かれました。
- b. 書かせました。
- c. 書かせられました。

14 ____ の中の言葉を適当な形にして、____ に書きなさい。

A
1) A ________________買いましたか。

   B はい。切手を買いました。

2) コーヒーと紅茶と________________がいいですか。

3) 東京の生活を________________思いますか。

4) A 今読んでいるのは________________本ですか。

   B 経済の本です。

5) ________________運転ができる人はいませんか。

6) ワンさんに誕生日のプレゼントをあげようと思うんですが、

   ________________いいと思いますか。

> 何を　　何か　　何も　　何が　　何の
>
> 誰か　　誰が　　どう　　どちら　　どんな　　どれ

B
1) あの時計のような________________は何ですか。

2) エスカレーターの________________を右に曲がると、アクセサリー売場が

   あります。

> もの　　こと　　ところ

C
1) 10時________________帰ってきてください。

2) 10時________________勉強して、テレビを見て寝ました。

3) A 日本語がわかりますか。

   B ええ、でも少し________________わかりません。

> まで　　までに　　だけ　　しか

1.

の

1) 今日のテストは9時10分から10時までです。（☞第1課）
2) それは吉田さんのかばんです。（☞第2課）
3) 日本での生活は楽しいですか。（☞第13課）

と

1) 学校の休みは土曜日と日曜日です。（☞第1課）
2) 私はいつもチンさんといっしょに昼ごはんを食べます。（☞第11課）
3) この学校の留学生はよく勉強すると思います。（☞第13課）
4) 弟は友達と野球を見に行くと言っていました。（☞第17課）

を

1) 朝、コーヒーを飲みます。（☞第6課）
2) 2時10分に東京駅を出ます。（☞第10課）
3) 渋谷で電車を降ります。（☞第10課）
4) ワンさんはブローチをほしがっていました。（☞第23課）

へ

1) 毎日学校へ行きます。（☞第6課）

に

1) テーブルの上にケーキとコーヒーがあります。（☞第5課）
2) 毎朝、7時半に起きます。（☞第6課）
3) 新宿で電車に乗ります。（☞第10課）
4) 渋谷で東横線に乗り換えます。（☞第10課）

5) 3時に横浜に着きます。（☞第10課）

6) マリーさんは横浜に住んでいます。（☞第11課）

7) 日本へファッションの勉強をしに来ました。（☞第11課）

8) マリーさんはよくファッションショーに行きます。（☞第11課）

9) 私は将来アナウンサーになりたいです。（☞第11課）

10) なべに油を入れます。（☞第12課）

11) 薬を飲む前に注意書きを読んでください。（☞第16課）

12) 1週間にどのぐらい来られますか。（☞第22課）

13) 私はアルンさんにチョコレートをあげました。（☞第24課）

14) 私は、おおぜいの人にお中元をもらいました。（☞第24課）

15) 西田先生に花をいただきました。（☞第29課）

16) 広美に家の手伝いをさせました。（☞第34課）
　　　※ 子供を泳がせました。

17) 新入生は先輩にいろいろなことをさせられます。（☞第36課）

で

1) うちでテレビを見ます。（☞第6課）

2) 新宿から渋谷まで電車で行きます。（☞第10課）

3) なべで炒めます。（☞第12課）

4) 私は果物の中でいちごがいちばん好きです。（☞第15課）

5) ごはんを食べた後で、歯をみがきます。（☞第16課）

や

1) 駅のそばにデパートや病院などがあります。（☞第5課）

も

1) これは吉田さんのテープです。あれも吉田さんのです。（☞第2課）

2) A　何か買いましたか。（☞第7課）［どこへも、どこにも］

　　B　いいえ、何も買いませんでした。

3) 飛行機の切符を予約しました。ホテルも予約しました。（☞第8課）

4) 関東バス**も**西武バス**も**通ります。（☞第 15 課）

は

1) テスト**は** 9 時 10 分から 10 時までです。（☞第 1 課）
2) この階にお手洗い**は**ありますか。（☞第 5 課）
3) うち**では**食べません。外で食べます。（☞第 6 課）
4) 昼**は**ちょっと暑かったですが、朝と夜**は**あまり暑くありませんでした。（☞第 8 課）

が

1) A テーブルの上に何**が**ありますか。（☞第 5 課）

   B ケーキとコーヒー**が**あります。
2) 私はロック**が**好きです。（☞第 6 課）
3) ホテルの部屋は静かでした**が**、狭かったです。（☞第 8 課）
4) A スポーツの中で何**が**いちばん好きですか。（☞第 15 課）

   B 水泳**が**いちばん好きです。
5) ピアノ**が**弾けます。（☞第 22 課）
6) ワンピース**が**ほしいと思っていたんです。（☞第 23 課）

＿＿＿は＿＿＿が＿＿＿＿＿。

1) この部屋は台所**が**狭いです。（☞第 15 課）
2) 検査は機械**が**自動的に行います。（☞第 33 課）

から

1) テストは 9 時 10 分**から** 10 時までです。（☞第 1 課）
2) ホテルは空港**から**あまり近くありませんでした。（☞第 8 課）
3) 東京**から**熱海まで新幹線で行きます。（☞第 10 課）
4) A この辞書はあまりよくないと思います。（☞第 13 課）

   B どうしてよくないと思いますか。

   A 言葉が古い**から**です。

1) 銀行は9時から3時**まで**です。(☞第1課)

2) 熱海から下田**まで**バスで行きます。(☞第10課)

3) 治る**まで**おふろに入らないでください。(☞第16課)

1) 私は朝、コーヒー**か**紅茶を飲みます。(☞第6課)

2) A 何**か**買いましたか。(☞第7課)

   B はい、切手を買いました。

2. ＿＿にひらがなをひとつ書きなさい。

1) バス＿＿乗ってください。

2) ここ＿＿たばこを吸ってもいいですか。

3) ピアノ＿＿弾けますが、エレクトーン＿＿弾けません。

4) いつも6時ごろうち＿＿帰ります。

5) ときどき公園へ散歩＿＿行きます。

6) 車＿＿ディズニーランド＿＿行きました。

7) この学校＿＿留学生＿＿多いです。

8) 8時＿＿東京駅＿＿出発しました。

9) いつもコーヒー＿＿お砂糖とミルク＿＿入れて飲みます。

10) 佐藤さんのアパート＿＿どこですか。

11) 何時＿＿どこ＿＿会いましょうか。

12) それは吉田さん＿＿かばんです。

13) チン この辞書はマリーさんのですか。

    マリー いいえ、小野さん＿＿貸してもらったんです。

14) 空港＿＿着いたら電話してください。

15) おはし＿＿ごはんを食べるのは難しいですか。

16) 待合室＿＿お待ちください。

17) 社長は10時＿＿東京＿＿着く予定です。

18) 私は将来、医者＿＿＿なりたいです。

19) A　どれ＿＿＿田中さんのかばんですか。

　　B　これです。

20) 父は貿易会社＿＿＿勤めています。

21) 車の運転＿＿＿できます。

22) A　これ＿＿＿いくらですか。

　　B　8,000円です。

23) この辞書＿＿＿字＿＿＿小さくて、読みにくいです。

24) 私は誕生日に友達＿＿＿花＿＿＿もらいました。

25) 新宿＿＿＿電車＿＿＿降りて、地下鉄＿＿＿乗り換えてください。

26) マリーさんは前から革＿＿＿手帳＿＿＿ほしがっていました。

27) 国の母＿＿＿誕生日のプレゼントを送りました。

28) A　よく映画を見に行きますか。

　　B　いいえ、半年＿＿＿一度くらいです。

29) 大きいかばん＿＿＿ほしいと思っているんです。

30) 英語＿＿＿話せます。

自動詞	他動詞	自動詞	他動詞
合う	合わせる	出る	出す
上がる	上げる	泊まる	泊める
開く	開ける	止まる	止める
集まる	集める	取れる	取る
動く	動かす	治る	治す
起きる	起こす	なくなる	なくす
落ちる	落とす	鳴る	鳴らす
降りる	降ろす	煮える	煮る
終わる	終える／終わる	乗る	乗せる
かかる	かける	入る	入れる
片付く	片付ける	始まる	始める
消える	消す	冷える	冷やす
決まる	決める	増える	増やす
切れる	切る	減る	減らす
こわれる	こわす	回る	回す
閉まる	閉める	見つかる	見つける
倒れる	倒す	汚れる	汚す
つく	つける	割れる	割る

	月（がつ）	時（じ）	年（ねん）	番（ばん）	円（えん）	キロ
1	いちがつ	いちじ	いちねん	いちばん	いちえん	いちキロ
2	にがつ	にじ	にねん	にばん	にえん	にキロ
3	さんがつ	さんじ	さんねん	さんばん	さんえん	さんキロ
4	しがつ	よじ	よねん	よんばん	よえん	よんキロ
5	ごがつ	ごじ	ごねん	ごばん	ごえん	ごキロ
6	ろくがつ	ろくじ	ろくねん	ろくばん	ろくえん	ろっキロ
7	しちがつ	しちじ	ななねん しちねん	ななばん	ななえん	ななキロ しちキロ
8	はちがつ	はちじ	はちねん	はちばん	はちえん	はちキロ はっキロ
9	くがつ	くじ	きゅうねん	きゅうばん	きゅうえん	きゅうキロ
10	じゅうがつ	じゅうじ	じゅうねん	じゅうばん	じゅうえん	じっキロ
？	なんがつ	なんじ	なんねん	なんばん	なんえん	なんキロ
他（ほか）の 助数詞（じょすうし）		時間目（じかんめ） 時間（じかん）		号（ごう）、畳（じょう）、枚（まい） 度（ど）、名（めい）、便（びん） 錠（じょう） グラム〈g〉 メートル〈m〉 ミリ〈mm〉		組（くみ） パーセント〈%〉 シーシー〈cc〉 キロ〈km〉
注（ちゅう）						※6パーセント 6シーシー

歳	回	個	分	本	人	日（日数）
いっさい	いっかい	ひとつ いっこ	いっぷん	いっぽん	ひとり	いちにち
にさい	にかい	ふたつ にこ	にふん	にほん	ふたり	ふつか
さんさい	さんかい	みっつ さんこ	さんぷん	さんぼん	さんにん	みっか
よんさい	よんかい	よっつ よんこ	よんぷん	よんほん	よにん	よっか
ごさい	ごかい	いつつ ごこ	ごふん	ごほん	ごにん	いつか
ろくさい	ろっかい	むっつ ろっこ	ろっぷん	ろっぽん	ろくにん	むいか
ななさい	ななかい	ななつ ななこ	ななふん	ななほん	しちにん ななにん	なのか
はっさい	はっかい	やっつ はちこ	はっぷん はちふん	はっぽん	はちにん	ようか
きゅうさい	きゅうかい	ここのつ きゅうこ	きゅうふん	きゅうほん	きゅうにん	ここのか
じっさい	じっかい	とお じっこ	じっぷん	じっぽん	じゅうにん	とおか
なんさい	なんかい	いくつ なんこ	なんぷん	なんぼん	なんにん	なんにち
週間、冊 種類 センチ〈cm〉 ページ	階、か月 校		泊			日間
※20歳	※3階					

1984년에 『文化日本語Ⅰ·Ⅱ』 작성위원회가 발족되고 1987년 4월에 출판된 후 10여 년 동안, 많은 분들로부터 받은 의견을 검토하는 과정에서 개정판 출판의 필요성을 깨닫게 되었습니다.

그래서, 1996년 4월에 『文化日本語Ⅰ·Ⅱ』 개정위원회를 발족하고, 개정을 위한 기초 연구를 시작하여, 시범 작성·시범 활용·개정을 거쳐, 이번에 『新文化日本語Ⅰ·Ⅱ』를 출판하게 되었습니다.

1996년에 개정 프로젝트가 조직되고 나서, 학교 안팎의 많은 분들에게 협력과 조언을 얻었습니다. 특히 기초 연구 단계에서 협력해 주신 본교 교직원 名取伸子 선생님을 비롯해 수업에서 시작(試作)을 사용해 주신 본교 선생님과 학생 여러분께 이 자리를 빌어 진심으로 감사드립니다.

앞으로 많은 분들로부터 이 책에 대한 조언을 받을 수 있기를 바랍니다.

2000년 1월

久野由宇子

国頭美紀

廣田周子

西村学

집필자

文化日本語 I・II

保崎優 편집위원장
山本真紀代
堀内みね子
馬場良二
斉藤眞理子
原方子
小川京子
久野由宇子
三国純子
大野春見

新文化日本語 I・II

久野由宇子
国頭美紀
廣田周子
西村学

자료 제공

이 책을 만들면서 다음과 같은 분들의 협조를 받았습니다.
이 자리를 빌어 감사의 말씀을 드립니다. 경칭은 생략했습니다.

〈자료・정보 제공〉　　三和銀行

〈일러스트〉　　大野春見　深田みのり 외

SHIN Bunka Japanese 2

초판발행	2000년 7월 10일
1판 24쇄	2023년 11월 30일
저자	文化外国語専門学校 日本語課程
책임 편집	조은형, 김성은, 오은정, 무라야마 토시오
펴낸이	엄태상
콘텐츠 제작	김선웅, 장형진
마케팅	이승욱, 왕성석, 노원준, 조성민, 이선민
경영기획	조성근, 최성훈, 김다미, 최수진, 오희연
물류	정종진, 윤덕현, 신승진, 구윤주
펴낸곳	시사일본어사(시사북스)
주소	서울시 종로구 자하문로 300 시사빌딩
주문 및 교재 문의	1588-1582
팩스	0502-989-9592
홈페이지	www.sisabooks.com
이메일	book_japanese@sisadream.com
등록일자	1977년 12월 24일
등록번호	제 300-2014-31호

ISBN 978-89-402-0628-7 18730
        978-89-402-0626-3 18730 [set]